영화

나를 찾아가는 여정

임권택·유지나

영화

민음사

나를 찾아가는 여정   임권택 감독의 영화 연출 강의

감독/임권택

제작·기획 이태원 촬영감독 전인석 원안 주시

❖ 임권택이라는 화두 앞에서

한 감독의 연출 강의록이 단행본으로 묶여 나오는 것은 이례적인 일이다. 러시아의 감독 타르코프스키가 남긴 연출론이 한글로 번역되어 출판되었고, 국내외 대가 감독들의 연출 세계를 조명하는 작가주의 노선의 책들이 출간되기는 했지만 한국의 감독 스스로가 밝히는 자신의 연출 세계가 생생한 강의를 거쳐 책으로 선보이는 것은 영화 연구의 지평을 넓히는 의미 있는 작업이다. 이것은 영화 현장과 강의실, 영화만들기와 영화읽기가 하나로 돌아가는 흥미로운 경험을 가능케 하기 때문이다.

1998년 임권택 감독님을 모셔 동국대학교 영화 전공생들을 대상으로 한 연출론 강의를 진행하면서 나는 이런 강의가 시간의 기억 속에 묻혀 일부에게만 전달되는 일회성 사건으로 마감되는 것이 매우 아쉽고 아깝다고 생각했다. 그래서 강의 녹취를 글로 풀고 몇 가지 글을 덧붙여 보다 많은 독자가 공유하는 터전을 마련하기 위해 책으로 내게 되었다.

애초에 임권택 감독님은 "내가 무슨 재주로 한 학기 연출론을 강의하나?"라며 동국대 영화영상학과 겸임교수직과 강의 의뢰를 곤혹스럽게 여겨 고사했다. 하지만 간곡한 청을 받아들여 연출론 강의를 하게 된 뒤로는 젊은 친구들과 자신의 영화 세계를 나누는 데 점점 빠져들었다. 그리하여 그의 연출론은 가장 인기 있는 진솔한 강의가 되어 학생들을 사로잡았다. 이 강의에는 그가 영화 현장에서 터득한 영화 인생론과 영화 존재론, 영화 미학, 영화 실천, 영화 재미가 모두 새겨져 있다. 물론 한국에서 영화를 만드는 고통과 축복, 기쁨과 고뇌도 각인되어 있다.

강의에서 보여준 임권택 감독님 고유의 육성과 말하는 스타일이 독자들에게 전달되도록 책을 엮었다. 비록 읽는 강의이지만 독자 여러분들도 자신의 영화 세계를 꾸밈없이 보여주려는 그의 영화에 대한 열정과 그만의 고집스런 완벽주의를 느낄 수 있을 것이다. 나이가 어느 정도 들면 더 이상 영화를 만들 수 없을 정도로 젊음의 강박증이 지배하는 최근의 영화 현장, 그래서 삶의 연륜이 담긴 지혜로운 통찰력과 성숙함이 어느때보다 소중하게 느껴지는 이 시점에서, 영화란 화두를 삶 속에서 깨우쳐 나가는 그의 강의 현장을 접하는 것은, 현재 속에서 과거를 성찰하고 탐구하는 작업이기도 하다.

이 책이 나오기까지 임권택 감독님의 영화 세계를 존경하는 많은 이들의 도움과 참여가 있었다. 이 책의 이미지 구성을 최상급으로 엮어내는 데 쾌히 응해 주시고 우여곡절을 거쳐 5년 남짓 긴 시간 동안 고된 작업을 해내신 정병규 선생님과 정병규디자인 여러분, 사진을 제공해 주신 태흥영화사, 신한영화사, 화친공사, 씨네21, 스틸 기사 양기주, 백영호 선생님, 그리고 특별한 배려로 이 책의 탄생을 맡아준 민음사의 박맹호 사장님과 책 간행의 실무에서 많은 노고를 기울인 편집부에 고마운 마음을 전한다. 강의 녹취를 풀고 자료 정리와 원고 교정을 한 동국대학교 영화학과 대학원생 최윤식, 조세진, 김진희, 김지연의 헌신적인 작업에도 고마움과 경의를 표한다.

2007년 봄
유지나

조감독 시절, 정창화 감독의 「노다지」 1961.
촬영 현장에서. 맨 오른쪽 아래가 임권택 감독.

❖ 영화라는 꽃의 만개를 기약하며

20세기는 인류 문명이 기념비적인 업적을 세운 시기였으며 그 격변의 시간 속에서 우리 민족 역시 많은 변화를 겪었습니다. 서구 문명이 200여 년에 걸쳐 점차적인 시행 착오 끝에 이룬 사회적 제도와 문화적 성과를 불과 사오십 년 사이에 강제적 혹은 자발적으로 수용한 우리 민족은 그 과정에서 우리의 고유한 문화에 대한 가치 인식과 문화적 정체성을 상실한 채 근대화와 서구화만을 가장 중요한 목표로 달려온 것이 사실입니다. 하지만 국가간의 경계가 허물어지며 세계화라는 새로운 가치가 대두되고 있는 지금에는 오히려 각 민족의 고유한 생활 방식과 사고 방식, 그리고 가치관들이 독특한 문화로 인정되며 교류되고 있습니다. 스스로의 정체성에 대한 고민과 문화적 전통에 대한 자각 없이는 생존할 수 없는 시대가 오고 있는 것입니다.

한국적이라는 가치가 단순히 지리적, 문화적 특성과 전통으로 국한되던 시대는 지났습니다. 우리의 문화적 개성과 독창성을 동시대적인 보편적인 정서로 전달해 내는 일은 지금 이곳을 살아가고 있는 '우리'를 돌아보는 동시에, 지구의 다른 곳에서 우리와 함께 살아가고 있는 이들을 하나로 엮어내는 가장 '경제적'이며 '가치 있는' 일임을 잊어서는 안 될 것입니다.

많은 분야 중에서도 특히 영화는 광대한 대중성과 호소력으로 다른 매체에 비할 수 없는 막대한 영향력을 발휘합니다.

그런 영향력을 긍정적이고 생산적인 방향으로 끌어올리는 것, 그것이 21세기의 한국 영화가 고민해야 할 길이라고 생각합니다.

더불어 함께 살아야 할 지구촌을 꽃밭에 비유해 봅니다.

한국에서 나고 살아온 감독으로서, 이 땅의 삶과 문화적 개성을 영화라는 작은 꽃으로 피워내 그 꽃밭을 채우겠다고 약속했습니다.

2007년 2월
임권택

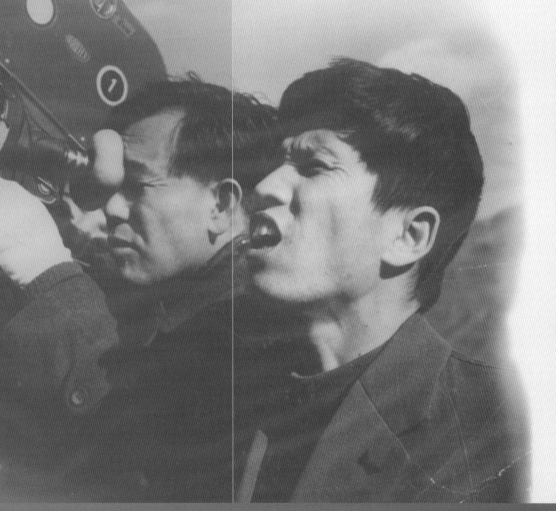

「나를 더 이상 괴롭히지 마라」 1971, 촬영 현장에서. 오른쪽이 임권택 감독.
왼쪽은 임권택 감독의 초기작에서 촬영을 맡았던 고故 최효진 촬영 기사.

영화 나를 찾아가는 여정 | 차례

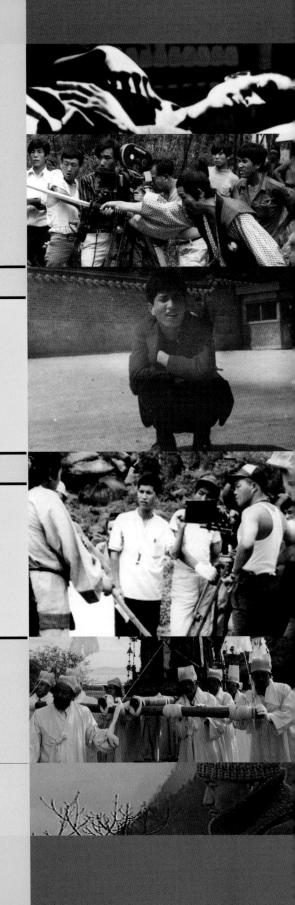

임권택 감독의 영화 연출 강의

❖ 임권택 영화의 매혹거리

유지나 | 동국대 영상대학원 영화과 교수, 영화평론가

스타 감독, 국민 감독

대중 영화에서 관객의 마음을 사로잡는 것은 무엇보다 '스타'의 존재이다. 텔레비전이 일반화되기 전, 영화가 가장 대중적인 오락이었던 시절에만 그런 스타 선호가 존재했던 것은 아니다. 지금도 영화에서 가장 힘이 실리는 존재가 '스타 배우'이다. 이런 '스타 배우'의 영역에 침범한 이례적인 '스타 감독'이 한국 영화계에 있다. 혹시 '스타 감독'이란 말이 어색하게 들린다면, 보다 익숙한 표현인 '국민 감독'이란 말로 임권택 감독을 도입하자. 임권택 감독은 충무로에서 여러 장르의 통속적인 영화를 잘 만드는 감독으로 출발했다. 그러던 중 1980년대 들어 「만다라」를 위시해 「씨받이」, 「아제 아제 바라아제」, 「서편제」, 「축제」 등의 작품에서 한국인의 과거와 현재를 넘나드는 고단한 삶의 모습을 수려한 한국 강산의 이미지 속에 연출해 내면서 국민 감독의 위치에 오른다. 한편 흥행 안 되는 영화 감독이라는 1980년대의 콤플렉스를 1990년대 들어 벗게 되는데, 「장군의 아들」과 「서편제」로 한국 영화 최고의 관객 동원 기록을 두 번이나 갱신하면서 평단의 평가와 흥행을 둘 다 성취했기 때문이다. TV와 온갖 매체를 통한 수많은 인터뷰, 그의 인생담과 성공 비결이 소개되면서 이제 그의 사람 좋아 보이는 미소와 온화한 얼굴은 어딜 가나 스타 대접을 받는다. 그래서 그와 함께 캠퍼스를 거니노라면 그를 알아보고 사인을 요청하는 이들과 수없이 만나기 때문에 몇 번씩 걸음을 멈춰야 한다.

임권택 감독이 보는 임권택 영화, 작가 감독 영웅주의를 뒤집다

국민 감독이라는 아우라를 두른 그가 강의실로 내려와 학생들과 한 학기 동안 자신이 직접 선정한 영화 텍스트로 연출론을 강의했다. 그것은 그동안 우리가 익히 접했던 타자화된 담론으로서의 임권택이 주체로 전환해서 자신을 풀어내는 희귀한 기회였다. 임권택 감독이 학생들을 상대로 영화 이야기를 푼 이 강의는, 사실 처음으로 그가 주체가 되어 자신의 영화 세계를 체계적, 지속적으로 자신과 타자에게 해명하고 비판한다는 점에서 매력적이었다.

운이 좋게도 이 강의를 기획하고 진행하면서 나는 그간 국제 영화제에서, 평론가 간담회에서 혹은 사석에서 그가 이야기했던 영화 인생관이나 연출론과는 또 다른 그의 영화 세계를 발견하는 기쁨을 맛볼 수 있었다. 강의에서 드러나듯이, 그는 '옥의 티 찾기 게임' 처럼 허점을 통해 자신의 연출 세계를 풀어나갔다. 이런 뒤집기 방식은 학생과 교수, 관객과 감독 사이의 벽을 허무는 동시에, 지적 엘리트주의에 빠진 예술 영화 찬사와 감독 영웅담으로서의 작가주의를 넘어서는 담백하고 진실된 것이다. 이런 방식은 낮은 자리에 있는 후학들의 눈 높이에 자신을 겸허하게 내던지며 기꺼이 스스로를 타자화하고 그것을 통해 다시 주체로 거듭나는 유연성과 성숙함을 보여준다. 그것은 이미 소문난 그 특유의 겸허한 태도만이 아니라 자신감을 보여주는 대목이기도 하다. 자기 작품에 대해 비판할 수 있는 능력, 자신에 대해 웃을 수 있는 여유, 주체의 자리에서 타자가 되는 그런 유연성이야말로 임권택 감독의 진면목을 보여준다.

살아남은 감독의 생명력

임 감독이 지금의 위치에 이르기 전에 만든 영화들(그의 표현을 빌자면 "저급하기 짝이 없어서 도망가고픈 영화들")에서도 유독 그는 팍팍한 삶을 살아내는 자의 고단함에 집중한다. 에

「신문고」 1963, 오픈 세트
촬영 현장에서. 가운데 뒷짐 진 이가 임권택 감독.

로틱 사극이니 액션물이니 하는 의도가 뻔한 영화들, 반공물이니 새마을 영화니 하는 혐의를 지닌 프로파간다적 국책 영화들에서 그는 매우 뻔한 관습적인 장면들을 나열하지만, 다른 한편에서는 상업 영화, 목적성 영화에서 저럴 필요가 있을까 싶을 정도로 미욱하고 무지막지하게 심각한 주제를 추구한다.

그러다가 그는 1970년대 말부터 1980년대에 걸쳐「족보」나「만다라」,「불의 딸」처럼 한국인의 집단 무의식과 정체성 문제가 전면에 불거져 나오는 영화들을 만든다. 어수선한 이전 시기의 영화들보다 한국인의 고단한 삶이라는 주제를 중심으로 이야기와 이미지가 훨씬 정리된 이 작품들에서도 때로(임 감독 본인이 말하는) 그 저속한 취향의 통속성에 고소를 금치 못하게 된다. 이를테면「족보」의 결말부에서 조선인에게 우호적인 다니(하명중 분)가 악독한 상관에게 대드는 육박전을 조악한 액션물의 관습으로 연출한다든가,「만다라」처럼 수려한 이미지 영화에서 대학생 안성기가 출가의 고민을 애인에게 토로하는 장면(178쪽 사진 참조)의 어색하고 유치한 전개,「불의 딸」에서 신들린 방희가 불 피우는 남자 앞에 흰 사발을 들고 소복 차림으로 나타나는 '전설 따라 삼천리' 유類의 이미지, 반복으로 인해 상투성이 더 드러나는 장면 같은 것들에 말이다. 그러나 다른 한편에서는 도저히 일반 상업 영화에선 시도하기 힘든 묵직하고 진지한 주제로 이야기를 이끌어간다.「족보」의 경우 일본인을 무조건 적대시하는 편협함을 벗어 던지고 조선인에게 족보란 무슨 의미를 갖는가를 일본인의 시각을 통해 집요하게 보여주는 것이나,「만다라」의 경우 대승 불교적인 일상의 깨달음에 관한 성찰,「불의 딸」의 경우 한국인의 원시적 신앙으로서의 무속과 무의식 세계에 대한 내러티브를 초월하는 탐구 등은 상업적인 자본의 틀에서는 소화해 내기 버거운, 거의 불가능에 가까운 것들이다. 그래서 이 시기 임 감독의 영화를 보고 있으면 마치 두 사람이 영화를 찍고 있는 것 같다. 저급한 통속물을 찍는 감독과 오늘날 대가의 위치에 선 감독의 그림자의 혼재가 바로 그것이다. 상업 영화판에서 영화를 찍으며 자본의 논리에 타협하고 눈요깃거리를 넣더라도 자기만의 주제 의식을 무지막지하게 껴안고 가는 소신과 추진력을 가진 그와 같은 감독을 만난다는 것은 매우 이례적인 일이다. 그는 어떤

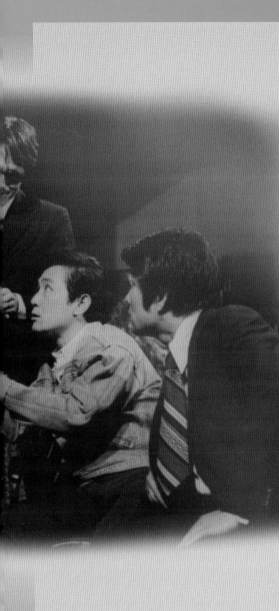

면에선 타협하지만 어떤 면에선 절대 타협하지 않는 전략으로 30여 년간 계속 영화를 찍어온 것이다.

1970년대와 1990년대에 걸쳐 일어난 영화 현장의 세대 교체, 갈수록 젊어지는 영화 관객층, 그 사이에서 한국 감독의 평균 정년은 50세를 넘기 힘들다. 그런 흐름을 거슬러 여전히 살아남은 그리고 살아남을 감독으로서의 임권택의 미덕은 바로 이런 타협과 비타협, 관객 취향과 자기가 원하는 것을 추구하는 집념 사이의 긴장 관계를 뛰어나게 조율해 내는 범상치 않은 능력에 있다. 그런 긴장 관계는 강의실에서도 연출되었다. 어떤 평론가도 잡아내지 못한 자기 영화의 허점을 의상 같은 사소한 것에서부터 짚어내며 자기 영화에 흠을 내었지만 오히려 학생들은 그의 자기 비판력과 완벽주의를 발견할 수 있었다.

임권택 영화의 인물과 미장센 전략

임권택 감독의 영화는 늘 고통스런 삶의 궤적을 추적한다. 심지어 「신세 좀 지자구요」 같은 코미디에서조차도 오갈 데 없어 친구(김희갑 분) 집에서 눈칫밥을 먹으며 신세 지는 구봉서의 고달픈 인생을 통해 코믹성을 확보해 나간다.

그의 주인공들이 고달픈 삶을 살게 된 것은 거의 운명적이다. 계급성, 이데올로기, 성 정체성 등 그들의 힘든 삶의 원인은 여러 갈래지만 그들의 고통의 근원은 한국인으로 태어나 힘든 시대를 살아가는 데 있다. 전통 사회에서는 인습으로 인해 고통스럽고(「씨받이」, 「개벽」), 일본 제국주의 식민지 시대에는 나라를 잃어 고달프고(「족보」, 「장군의 아들」), 근대화 과정에서는 전통 가치의 와해로 인해 부유하며(「불의 딸」, 「서편제」), 한국 전쟁과 분단은 이데올로기 갈등으로 인간을 부조리한 상황에 처하게 만드는 갈등을 불러들이며(「짝코」, 「길소뜸」, 「태백산맥」), 압축 성장 산업화는 인간/여성을 멸시하는 천민 자본주의로 모두를 비참하게 만든다(「티켓」, 「창」). 그리

「명동잔혹사」 1970, 촬영 현장에서. 맨 왼쪽은 당대의 액션 배우 이대혁,
왼쪽에서 두 번째가 임권택, 오른쪽에서 두 번째가 최무룡.

하여 그의 인물들은 강퍅한 삶을 해결하려는 화두를 안고 길을 떠난다. 「만다라」와 「아제 아제 바라아제」의 구도자 모습은 그의 인물 모두에 각인되고 산포된 인물소를 표상한다. 결함투성이 인물, 고통스러운 삶의 행로에 시달린 이들의 삶의 문제는 관습적인 해피 엔딩으로 해결되는 법이 없다. 계속 이 땅에서의 삶이 지속되어야 하기에 때론 희망적인 해피 엔딩 흉내를 내지만 실은 늘 거기에는 그림자가 드리워진다.

한국 영화 혹은 모든 영화에서 이런 애매한 결말, 혹은 솔직한 결말은 찾기 힘들다. 그리고 그것은 임권택 영화의 성찰성을 엿볼 수 있게 해준다. 「서편제」에서 송화가 어린 여자 아이를 앞세우고 떠나는 길은 과연 순탄할까? 「만다라」의 법운이 지산의 죽음에서 깨달은 것을 자기만의 방식으로 과연 실천해 낼 수 있을까? 남자 아이 출산용으로 여성을 도구화하는 인습을 거부하기 위해 자결한 여주인공의 마지막을 보여주는 장면에서, 얼굴이 프레임 아웃된 채 전신을 허공에 매단 「씨받이」의 결말(151쪽 첫 번째 사진 참조)은 임권택 영화 특유의 언해피 엔딩을 보여준다. 지워진 얼굴로 모든 여성을 함의하면서 익명성을 통해, 기득권을 향유하는 이들에게 항거하는 이 결말은 친자 확인을 거부하는 「길소뜸」의 계급 의식과 만난다. 상식의 얼굴을 한 관습적 사고를 깨는 것, 그런 단호함은 임권택 영화를 때론 다큐멘터리처럼 보이게 만든다. 거짓말하지 않기. 언젠가 그가 말했듯이 "이젠 영화에서 거짓말을 하지 않겠다."는 각오가 바로 이런 환상을 깨는 결말에서 빛을 발한다.

임권택 영화에서 여성 인물은 남성 인물에 비해 좀더 삶의 고통에 가까이 위치해 있다. 여성이 개입하자마자 인물의 인생담은 육체의 경험담이 된다. 아들 낳기, 여러 남자를 섭렵하기, 몸 팔기…… 스스로를 타자화하면서 도구화되고 상품화된 여성은 훔쳐보기용으로만 끝나지 않는다. 임권택은 어떻게든 그녀들을 주체로 불러들여 왜 그들의 삶이 그렇게 되었는지를 캐물어 가면서 그녀들을 구원하려 애쓴다. 그러나 구원의 욕망은 공분으로 빗나간다. 그 과정에서(그녀들을 위로하기 위해서일까?) 그녀들의 강함과 상대적인 선함 부각되면서 관객의 연민을 자극한다. 「창」의 여주인공이나 「티켓」의 마담, 「씨받이」의 씨받이는 상대적으로 선하면서 강하지만 그들을 압도하는 집단 의식과 환경으로 인해 타락한 인물들이다. 그러나 이들의 타락이

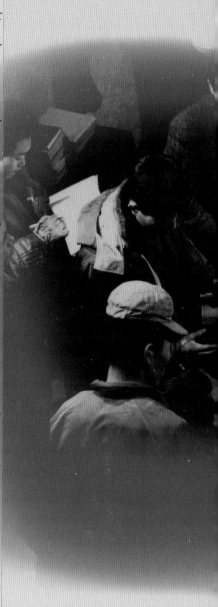

전경에 놓인다면 그 원인은 후경에 놓는다. 「씨받이」나 「티켓」에서는 그 후경이 전경과 같은 비중이었다면 「창」의 경우 후경의 비중이 약했다는 점이 걸리긴 한다.

주제 의식은 전경과 후경의 미장센이라는 가시적인 차원으로 연장된다. 실제로 우리가 어떤 영화의 제목을 안 본 채 중간 부분의 어느 정도만 보고도 그것이 임권택의 영화인지 아닌지를 알 수 있는 것은 풍요로운 전경과 후경의 배치, 그리고 일그러짐 없이 여백이 살아 있는 비대칭의 균형미를 정교하게 구사하는 임권택 스타일의 미장센 때문일 것이다. 전경의 이미지와 후경의 이미지를 내러티브 욕망의 인과 관계용 혹은 미학적 쾌감 심화나 의미 작용으로 활용하는 그의 미장센은 매우 효과적이다. 「길소뜸」에서 옛 애인을 만날 생각에 잠 못 드는 남자(전경)와 그 뒤에서 역시 잠을 못 이루고 뒤척이는 아내(후경)의 이미지(132쪽 사진 참조)가 공존하는 것, 「서편제」의 명장면으로 꼽히는 까마득한 후경에서 전경으로 되는 세 인물의 모습(「진도 아리랑」을 부르며 고갯길을 넘어오는 대목(64-65쪽 사진 참조), 집안 어른 몰래 정사를 벌이는 씨받이와 주인 어른(후경)의 저편에서 고통스러워하는 씨받이 어머니의 모습(전경)이 그런 예이다. 이런 풍요한 의미 작용으로 넘쳐나는 미장센은 늘 한쪽을 비워놓는 구도를 통해 균형을 잡는다. 충만함과 비어 있음, 모순된 이 두 가지를 동시에 성취하는 그의 미장센 전략은 정교한 틀에 놓인 이미지들을 성찰하게 만든다.

저잣거리의 국민 감독

1990년대 임 감독은 보다 성숙한 영화 세계를 피워낸다. 전통적인 소리를 찾아가는 「서편제」, 전통 장례식을 통해 늙음과 죽음의 의미를 성찰하는 「축제」가 한편에 있다면, 다른 한편엔 한국식 액션 영화의 품위와 재미를 보여준 「장군의 아들」 시리

「단골지각생」 1964, 촬영 현장에서. 왼쪽 가운데 대본을 들고 지시를 내리는 임권택 감독.

즈의 활력과 「창」의 절망적인 훔쳐보기가 있다. 혹자는 왜 임 감독이 작가의 반열에 들어선 1990년대까지 와서 「장군의 아들」 같은 오락 영화를 만들었는지 모르겠다고 비판적으로 보기도 한다. 「창」에 이르러서는 제작자의 청을 거부하지 못하는 그의 마음 좋음이 작가의 결격 사유라도 되는 양 나무라기도 한다. 이런 판단은 프랑스에서 수입된 작가주의 전략에 따르면 유효할지 모르지만, 그가 온몸으로 맞닥뜨리며 살아온 한국 영화 산업의 형편과 그 속에서 일궈낸 그의 영화 연출관을 통해 살펴보면 별 효력이 없다. 임권택의 미덕은 산업 바깥, 대중성 바깥에서 자신의 위대한 영화 정신과 심오한 영화 미학을 과시해 왔다는 점에 있지 않다. 그는 산업 내부에서 끊임없이 살아남기 위해 노력하면서 흥행 안 되는 감독이라는 꼬리표를 떼지 못해 고심해 온 대중 영화 감독에 더 가깝기 때문이다. 이제 국민 감독의 위치에서 이 모든 제약을 넘어설 수 있고 그래야 한다고 당신이 임권택에게 주문한다면, 그건 오해와 과욕 때문이다. 혹시 그것은 영화가 사람들을 보듬고 위로하기보다는 우선 높은 위치에서 가르쳐야 한다고 믿는 지적 엘리트주의가 아닌가라고 의심해야 할지 모른다. 임권택 감독은 영화 현실에서 삶의 현실에 접근해왔고, 그런 꾸준한 영화 여정이 지금의 임권택을 만든 것이기 때문이다. 영화 악법인 외화 수입 쿼터제가 있던 군사 독재 시절, 관객이 아니라 외화 쿼터를 위해 문예 영화와 국책 영화, '대종상' 수상용 영화 제작이 난무하던 때, 임권택은 마음껏 영화를 만들어 스스로를 진보시킨 유일한 감독이 아니던가. 악법을 자기 발전에 이용하는 괴이한 변증법과 모순, 그런 것을 해내는 역량은 지금까지도 현역으로 살아남은 그의 신비한 힘을 설명해 준다. 판소리 영화로서의 「춘향뎐」은 대가의 실험성이 어디까지인가를 보여주는 시험대였다. 그가 선택한 두 가지, 퇴락한 대중성으로서의 판소리와 누구나 다 아는 이야기로서의 대중성을 가진 「춘향뎐」은 스스로에게 도전해야만 살아남을 수 있다는 것을 누구보다 잘 아는, 가장 임권택다운 선택이다. 자기가 태어난 곳으로부터 벗어날 수 없는 것이 영화 감독이라고 믿는 그는 누구보다도 가장 그런 사람이 임권택 자신이라는 점을 이 영화로 증명한다.

한 학기 동안 그의 강의와 함께 영화들을 다시 보면서 깨달은 것은, 자신의

본질 속으로 끝없이 캐 들어가는 바로 그 내향성이 그의 영화의 힘이라는 점이었다. 그리고 그런 내향성은 그 자신에게서 멈추지 않고 우리 내부의 집단 유전자적인 경험을 건드린다. 고고한 경지의 소수 지식인을 위한 영화가 아니라 저잣거리의 불특정 다수에게 재미와 위로를 주는, 그의 영화가 가진 풀뿌리 정신이 바로 여기에서 나온다. 낮은 곳에 머무는 그런 자세, 자신의 토대를 지우려고 콤플렉스 넘치는 반응을 보이지 않는 그런 넉넉함, 그런 가운데에서도 자신에 대한 비판을 아끼지 않는 성찰의 힘이 주는 긴장감이 임 감독을 국민 감독으로 살아남게 만든다. ■

「춘향뎐」 2000. 촬영 현장에서.

" 나는 영화 속에 리얼리티가 담겨야 한다고 고집하는 감독입니다. 내가 여기서 말하는 리얼리티란 내 개인적인 삶의 체험에서 나오는 것이라기보다 좀더 넓은 의미의 것으로, 다양한 우리들 삶의 경험에서 우리 모두가 공유하는 것으로부터 나오는 것입니다. 물론 영화는 단순한 오락물일 수 있어요. 그러나 나는 영화란 우리의 삶에 대한 창조와 지혜의 예술 양식이라고 봅니다.

우리의 삶 자체를 아름답고 행복하게 만들기 위한 노력으로서 영화가 우리의 삶에 기여해야 한다고 생각해요. "

임권택

나의 삶, 나의 영화

유지나 이번 학기 영화 연출론은 임권택 감독님께서 직접 강의를 하시게 되었습니다. 훌륭한 작품을 만드신 감독님이실 뿐 아니라 강의 또한 특유의 솔직담백한 언변으로 멋지게 이끌어 가실 것이라고 생각합니다. (학생들 박수) 지금까지 약 100편의 영화를 연출하셨고 그중 다수의 작품이 좋은 평가를 받고 있는 임권택 감독님의 영화 연출 세계와 영화관에 대한 강의는 앞으로 영화인이 될 여러분에게 좋은 기회가 될 것입니다. 오늘은 도입 강의로 개개의 영화보다는 전반적인 감독님의 영화 연출관에 대한 총체적인 이야기를 들을 것입니다. 우선 감독님의 강의를 들은 후 자유로운 분위기에서 궁금한 점을 질문하시기 바랍니다.

임권택 이렇게 만나게 되어 반갑습니다. 내가 말을 잘 못하는 감독으로 유명한데, 이런 자리에 서서 강의를 하려니 두렵기도 하고 긴장도 됩니다. 이렇게 강단에 설 결심을 하게 된 것은, 1955년에 영화계에 입문한 이후 지금까지 영화 외길 인생을 살아온 내 경험이 영화인이 되려는 이들에게 무엇인가 도움이 되지 않을까 하는 생각에서였습니다. 내게서 학문적이고 이론적인 강의를 기대하는 학생은 없으리라고 생각합니다. 언젠가는 여러분들도 영화 현장에 진출해서 감독이든 연기자든 일정한 역할을 하게 될 텐데, 현재로서는 학교에서 배웠던 것과 실제의 영화 현장은 상당한 차이가 있습니다. 더군다나 한국 영화의 제작 여건은 여러분들이 피상적으로 알고 있는 것보다 훨씬 열악합니다. 따라서 직접 현장 체험을 한 사람인 나의 이야기는 여러분들이 이런 실

데뷔작 「두만강아 잘 있거라」 1962. 대관령 촬영 현장에서.

제 현장에 대처하는 데 도움이 되리라고 봅니다.

여러분 솔직히 내 영화 재미없지요? (학생들 웃음) 사실 내 영화가 형식미가 없고 내용 전달에 온통 관심을 쏟는 영화라는 평가도 있습니다. 그러면서도 다른 한편에서 보면 이 나이에 감독으로서 도태되지 않고 살아남을 수 있는 생명력은 무엇인지…… 이런 부분들을 한 학기 동안 이야기해 보고 싶습니다. 또한 여러분들과 이야기를 나누는 과정에서 실제 내 영화의 생명력이 무엇인지를 나와 여러분이 새롭게 발견할 수도 있겠지요. 그런 의미에서 이 시간이 남을 가르치기 위한 자리라기보다는 오히려 내 자신을 정리할 수 있는 시간이 될 것 같군요.

그럼 오늘 첫 시간에는 내가 어떤 인간이고, 어떤 작품들을 만들어왔는가, 또 무엇을 영화 속에 담으려 했는가를 이야기하도록 하겠습니다. 그것이 한 학기 동안 다룰 내 작품을 이해하는 데 도움이 될 것이라고 생각합니다. 그러고 나서 여러분들의 질문을 받겠습니다. 1987년에 발간된 『한국 영화 연구 1』에서 이용관 교수가 나에 대해 연구 분석한 것이 있어요. 그중 한 가지를 인용하죠. "그는 선천적으로 천진무구한 동심을 상실한 사람이다." 어른의 시점에서 어린이를 치장시키는 유치한 어릿광대짓을 보인다. 나는 이런 지적을 보고 깜짝 놀랐어요. 아무 생각 없이 정기 검진을 받은 후 의사에게 갑작스레 암 선고를 받은 환자만큼 충격을 받았지요. 이런 지적이 사실이기 때문이지요. (웃음) 나는 식민 치하에서 초등학교 3학년까지 일본식 교육을 받고 해방을 맞이했는데, 해방 이후의 혼란기, 좌우익 간의 충돌, 한국 전쟁 등 우리나라의 수난기를 직·간접적으로 체험하고 자란 세대예요. 게다가 우리 가족은

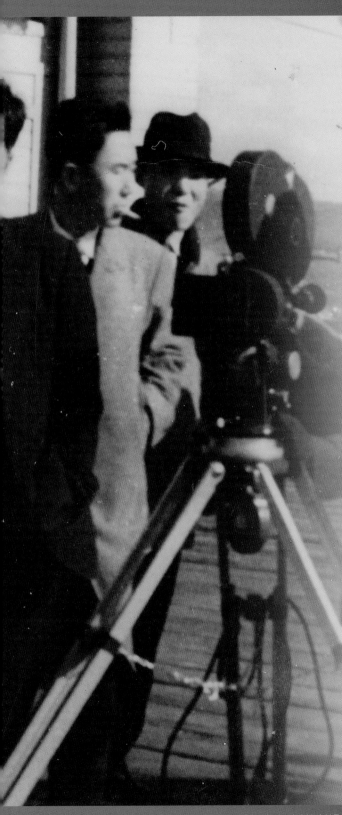

좌익이었어요. 그래서 해방 후 고향인 전라도에서 좌익들이 비밀리에 벌이던 지하 활동을 보며 자랐어요. 그 실상을 알았다기보다는 단편적으로 어린 내 눈에 비친 것을 체험한 것이죠. 전쟁 이후에는 친척 중에 빨치산 활동으로 희생된 사람도 있었고…… 여하튼 좌익 가족이었기에 주눅 든 삶을 살 수밖에 없었죠.

우리 집은 소지주 집안이었어요. 아주 어릴 때 일인데, 어느 날 소작인 하나가 찾아와 할아버지에게 뭔가 사정을 하는 거예요. 그런데 할아버지가 갑자기 도리깨를 가지고 그 사람을 막 패는 거예요. 그 사람이 죽어라 얻어맞는 것을 보면서 할아버지에 대한 감정이 나빠지기 시작했어요. 그게 장성이라는 곳이었는데, 지금은 광산군 평동 쪽이죠. 거기 할아버지 땅이 있었고, 소작인들이 할아버지가 좋은 일을 하셨다고 송덕비를 세운 게 있었어요. 그런데 난 그것을 끊임없이 의심하게 되는 거예요. 얼마나 소작인들을 쥐어짰으면, 송덕비로 환심을 사려 했겠느냐는 식으로 나쁜 쪽으로만 해석했던 것이죠. 그러다가 할아버지가 좋은 일을 하셨다는 사실을 최근에야 알았어요. 그 후 유명을 달리하신 할아버지에 대해 죄스러운 생각이 들었지요. 자기 가족에 대해서 그런 악감정을 가지고 있었다는 것을 보면 성격적으로 내가 모난 사람이 아닌가 하는 생각이 들기도 합니다. 참고로 알아두라고 하는 말입니다. (웃음)

하여튼 그 당시 나는 교육받을 여유도 없었어요. 나는 가출을 해서 부산으로 가 노동으로 생계를 이어갔지요. 그런데 그것으로는 턱없이 부족했지요. 그러다가 마침 영화 제작 쪽의 아는 사람이 영화판에서 잡역을 좀 하면 먹고살 수 있다고 하기에 영화계에 들어왔죠. 그것이 정창화 감독의 「장화홍련전」이었어요. 거기서

「햇빛 쏟아지는 벌판」(1960), 연출부 퍼스트 시절 부산 부둣가
촬영 현장에서. 맨 왼쪽, 옆은 촬영 기사 이성휘.

부터 영화사 제작부 똘마니로 일했어요. 밥도 시키고, 여배우들 짐이 많으면 화장품 케이스도 들어주고, 촬영부 이동차도 같이 끌고……. 그때는 배터리도 엄청나게 무거웠는데, 산에 갈 때만 꼭 나보고 그걸 메라고 하더군요. (웃음)

그런 식으로 영화를 하다가 정창화 감독의 연출부가 되었는데, 이것은 내게 굉장한 행운이었어요. 정창화 감독님은 영화사에 기록될 만한 영화를 찍은 분은 아니지만, 당시에는 액션 영화 등을 찍은 흥행 감독으로 활발한 활동을 하던 분이었거든요. 그때부터 그분 밑에서 로케이션 현장이 다양한 조건에 놓여 있을 때 어떻게 그것을 운영해 가는가, 세트는 어떻게 제작되며, 촬영을 위해서는 어떤 구조로 만들어야 하는가, 콘티는 어떻게 작업하는가와 같은 것들을 교과서처럼 배울 수 있었어요. 특이했던 것은 그 감독님은 영화 촬영 현장에서 한 컷을 찍고 난 다음에는 OK인지 NG인지를 본인이 더 잘 아시면서도 꼭 내게 먼저 물어보시는 거예요. 한두 번도 아니고 매번 그러시니 내가 정신을 차리고 보지 않으면 안 되겠더라고요. 감독의 컷 사인이 떨어지면, 연기자들이 감독을 쳐다보는 게 아니라 내 얼굴부터 보는 거예요. 내가 좋다고 하면 그대로 진행하는 식이었죠.

그때는 모두 후시 녹음이었어요. 녹음실에 가도 성우들이 대사를 어떤 감정으로 처리하는가 하는 것도 꼭 내게 물어보셨어요. 나한테만 그런 것이 아니라 그전 조감독들에게도 그랬다고 합니다. 그래서 성우들이 감정을 어떻게 정확히 표현해 나가는지 매우 신경을 쓰지 않으면 안 되었지요. 뒤에 들은 이야기인데 그때 내게 붙은 별명이 '양잿물', '힘줄'이었다는군요.

그런 훈련 과정을 거쳐 「두만강아 잘 있거라」를 직접 감독하게 되었지요. 1961년에 촬영을 시작하고 1962년에 개봉을 한 작품이죠. 제작사의 요청에 의해 감독을 맡은 거지요. 감독이 되어 기뻤던 것도 사실이지만, 작품 실패로 다른 곳에 조감독으로도 못 가게 되면 생계를 어떻게 유지할까 하는 두려움도 들었어요. 그 당시 내가 처한 경제적 여건이 얼마나 힘겹고 고통스러운 것이었는지를 여러분이 짐작할 수 있을지 모르겠어요. 감독이 조감독으로 써주지 않을까 봐 걱정을 했다는 게 지금으로서는 상상하기 힘들 겁니다.

「두만강아 잘 있거라」는 설날에 개봉을 했는데 굉장히 흥행이 잘됐어요. 당시 국내 영화가 잘되던 시기이기도 했고 제작사도 든든했어요. 그런데 지금도 그 영화 얘기가 나오면 얼굴이 붉어집니다. 독립군 얘기를 빙자한 액션 드라마인데 추격 신이 상당히 어색하거든요. 여하튼 흥행이 됐어요. 여러분도 감독이 되면 알겠지만 한번 흥행이 되면 몇 년 동안은 잘살 수 있어요. (웃음) 실패를 해도 저 감독은 한번 홈런을 친 적이 있으니까 언젠가는 흥행을 시키겠지 하는 기대 때문에 계속 주문이 들어오는 거예요. 당시만 해도 난 배운 것도 없고 우리 집안이 좌익이었던 까닭에 연좌제에 묶여서 직장을 구할 수도 없었지요. 그렇기 때문에 삶에 대해 조금도 애정이 없었고 돈만 생기면 술을 마시며 하루하루를 보냈지요.

감독이 되고 나서도 초기에는 몸에 밴 생활 습관을 쉽게 바꾸지 못했어요. 이렇게 10년 동안 영화에 대

「상해탈출」 1969, 촬영 당시의 임권택 감독.

한 깊은 생각 없이 쉰 편을 찍었어요. 한 해에 평균 다섯 편씩 찍었던 셈이죠. 여덟 편을 찍은 적도 있어요. 지금 생각하면 어떻게 그렇게 찍었는지 잘 모르겠어요. 그 당시에는 지방에서 영화 흥행 성적이 좋았어요. 그래서 자기 자본이 없는 제작사들이 입도선매식으로 판권을 미리 지방 업자에게 팔아 영화를 만들면서 운영을 해나가고 있었어요. 그렇게 넉넉하지 않은 시간과 비용으로 영화를 만드니 작품성이 있겠어요? 말도 안 되는 액션물이나 만들라는 얘기지요. 여하튼 액션물, 사극, 코미디, 전쟁물, 멜로드라마 등 공상 과학 영화와 미스터리만 제외하고는 다 해봤어요. 가령 오늘 A라는 작품을 찍으면 다음 날은 B라는 작품을 찍기 위해 장소를 옮기죠. 그런데 정작 현장에 가보면 시나리오가 없어요. 그러면 틀만 정해 놓고 현장에서 대사를 써가며 찍고 또 대사를 쓰고 찍고 했어요. 지금 돌이켜 보면 이게 말이 되는 얘깁니까? 모든 스태프들이 어떤 영화가 나올지 몰라요. 감독인 나도 모르는걸요. (웃음) 그렇게 10년을 보낸 것이죠. 이것을 좀 실감 나게 설명을 하자면, 한 삼사 년 전에 텔레비전에서 「한국 영화 걸작선」이라는 타이틀로 몇 편의 영화를 방영한 적이 있어요. 그중 한 편을 보게 되었는데 걸작이란 타이틀로 내놓을 만한 것이 아니더군요. 그런데 어디서 많이 본 영화였어요. 엔딩 크레딧이 올라가는데 그게 제 작품이지 않겠어요? (웃음) 그래도 자기 작품이라면 제목이라도 알아보려고 했을 텐데, 너무 실망해서 지금도 그 작품 제목을 몰라요. 하여튼 쥐구멍이 있으면 숨고 싶은 심정이었죠.

만일 내가 여러분들처럼 영화에 대해 체계적으로 배

왔다면 10년을 이런 식으로 보냈을까 가끔 생각해 봅니다. 난 그 시절을 인생을 휴지 쓰듯 하며 보낸 세월이라고 흔히 표현해요. 그런 삶을 살면서 얻은 것이 있다면 이렇습니다. 영화란 처음 시작할 때부터 틀을 정하고, 영화 구조가 일관성을 갖도록 매 컷 찍으면서 점검하는 작업이란 것이지요. 그리고 현장에서의 임기응변, 순발력이 나도 모르게 몸에 배기 시작했는데 이런 점은 지금도 영화 작업에 도움이 되고 있어요. 사실 영화의 야외 촬영 장소는 미리 헌팅하는 게 순서입니다. 작품이 요구하는 분위기, 광선 조건 등을 고려하면서 선택을 하지요. 그런데 스케줄에 맞추어 촬영 장소에 가보면 실제로 광선 조건, 분위기가 바뀌는 사례가 허다합니다. 바로 이때 순발력과 임기응변이 필요하지요. 한국 영화 제작 여건상 현장을 몇 번씩 바꿀 만한 시간적, 경제적 여유가 없기 때문에 이것은 아주 필요한 능력입니다. 그렇다고 여러분들이 이 능력을 갖추려고 1년에 여덟 편씩 마구잡이로 영화를 찍으면 안 되겠죠? (웃음)

감독 초기 시절 에피소드가 갑자기 생각나는데, 여러분들 웃으라고 들려드리죠. 내가 나이 어린 감독이어서 일어났던 일들입니다. 어느 날 녹음실에 앉아서 자장면을 주문했어요. 배달하는 사람이 왔길래 "내 것 주시오." 했더니 그 친구가 "감독이 시킨 건데요." 하면서 그냥 가버리더군요. (웃음) 또 어느 사극을 촬영할 때였어요. 단역 배우가 옷을 잘못 입었길래 지적하면, 조감독이 시켜서 입은 건데 당신이 무슨 상관이냐고 하기도 했지요. 감독이 누구인지 구분이 안 갈 정도로 내가 젊기도 했지만 외양상 두드러진 데가 없는 감독이어서 일어났던 일 같아요.

「잡초」(1973), 촬영 현장에서.

비평가들이 내 작품 시기를 흔히 세 단계로 나누는데
바로 지금 말한 이 10년 동안을 초기 단계로 보고 있어
요. 1970년대에 들어오면서는 영화가 나의 삶의 궤적
과 맞물려가게 됩니다. 이렇게 내 삶을 낭비해서 되겠
는가 하는 각성이 들었고 그래서 진지한 작품을 해야
겠다는 생각이 들기 시작했지요. 그래서 만든 게「잡
초」라는 영화였어요. 이 영화는 내가 직접 제작한 작품
이기도 합니다. 내가 제법 진지한 작품을 찍겠다고 했
을 때 맡기려는 사람이 아무도 없었기 때문에 직접 제
작을 하게 된 것이지요. 나는 이미 저질 흥행 감독으로
낙인이 찍혔기 때문에 진지한 작품을 제작 의뢰하는
영화사가 없었어요. 입도선매식으로 지방에 판권을
팔아서「잡초」를 제작하게 되었지요.「잡초」는 한 여
인이 여러 남자를 거치면서 수난의 세월을 잡초처럼
끈질기게 버텨내며 살아간다는 영화입니다. 그동안
아주 엉터리고 말도 안 되는 영화를 해왔지만 앞으로
는 거짓말이 아닌 진솔한 삶을 사는 사람들의 얘기를
담자고 생각한 것이「잡초」를 만든 계기지요. 저는「잡
초」를 만들기 전까지는 연애를 한번도 못했어요. 그래
서 가족들은 내가 만든 애정 영화를 보고 제발 되지도
않는 것을 영화로 만들지 말라고 했지요.「잡초」를 할
무렵은 아내와 연애를 할 땐데 그때부터 내 삶에 대해
애정을 갖기 시작했지요. 그것도「잡초」를 제작하게
된 한 이유가 된 것 같기도 해요.

잡초가 내 삶에 대한 애정을 표현한 작품이라면, 그 뒤
에 만든「왕십리」는 내가 살고 있는 땅과 사람에 대한
애정 어린 관심을 담은 것입니다. 이것도 계기가 있어
요. 내가 1973년에「증언」이라는 한국 전쟁을 소재로
한 군인 영화를 찍은 적이 있습니다. 그 작품은 대만에

서 열린 〈아시아 영화제〉에 출품되었어요. 영화제 참관차 나도 대만에 갔지요. 그때까지만 해도 나는 정말 한국이라는 땅에 살기가 싫었어요. 그래서 기회만 있다면 이 땅을 버리고 외국에 가서 살았으면 했지요. 여러분들이 내 과거 삶을 보면 그 이유를 짐작할 겁니다. 그런데 대만 비행기를 탔을 때였어요. 한국 말이 갑자기 없어진 듯한 느낌이 들더군요. 안내 방송은 영어와 일어로 진행되고 주변 승객들도 중국어, 영어, 일어로 말하는 겁니다. 모든 것을 조이고 숨막히게 했던 한국이라는 내 조국이 갑자기 없어지는 것처럼 느꼈어요. 대만에서 만난 한국인도 아무것도 아니고. 그렇게 아무것도 아닌 나라, 세상 누구도 애정을 갖고 쳐다보지 않는 버려진 땅 같은 나라를 우리가 아니면 누가 아낄 것이며 누가 관심을 갖겠는가 하는 생각을 갖게 되었어요. 어떤 악조건의 땅이든지 간에 결국 내가 태어난 땅을 내가 사랑하지 않으면 안 된다는 애국자 같은 생각이 느닷없이 들었어요. 그것은 거의 충격이었습니다. 이 땅으로부터의 도주를 끈질기게 생각하던 사람이 이 땅을 내가 끌어안고 살아야겠다고 순식간에 생각을 바꾼 거지요. 그리고 돌아와서 1976년에 「왕십리」를 만들었지요. 아주 잘된 작품은 아니지만, 내가 살고 있는 땅에 대한 애정의 흔적들이 많이 엿보이는 작품입니다. 그리고 그후부터는 내가 살아온 시대가 수난의 시대라고 한다면, 내가 직관적으로 체험한 것을 영화로 담았을 때 생명력이 있을 것이라고 생각했고, 그러면서 내가 살아온 시대 상황을 영화에 담게 되었어요. 왜 우리가 그런 불행한 시대를 살아야 했는지를 영화를 통해 점검해 보고 싶은 욕심도 들었지요. 이것이 내 작품 활동에 있어 전환기인 1970년대입니다.

〈아시아 영화제〉에 「증언」이 출품되어 대만에 갔을 때 어느 백화점 안에서(1973).

1970년대는 박정희 정권 때였고 유신 체제로 넘어가면서 이루 말할 수 없는 영화적 통제를 받았던 시대이죠. 영화사적으로 보면 최고의 암흑기이지요. 그 무렵은 이장호 감독, 하길종 감독 등 일부 감독들 외에는 흥행이 되지 않는 시기였어요. 그리고 당시에 정부는 규제로 인해 영화 산업이 부진하자 이를 활성화하려는 방침으로 우수 영화를 1년에 네 편씩 제작하면 한 편의 외화를 수입할 수 있는 권리를 주었어요. 외화는 1년에 스무 편 정도 들어왔는데, 무조건 흥행이 되었어요. 이때 제작자들이 외화 수입권만을 노리고 문예물이나 새마을 운동 사례 같은 영화를 만들기 시작했지요. 나로서도 당시 어쩔 수 없이 이 작업을 해나갔어요. 작품성 있는 영화를 해야 한다는 생각은 있었지만 생활고에 부딪혀 좌절했지요. 자유로운 영화 활동을 통제하는 법적 규제나 당시 분위기 또한 크게 작용했다고 볼 수 있지요. 이를 극복하고자 보낸 시간도 거의 10년이나 됩니다. 오히려 흥행이 되지 않아도 제작자는 책임 추궁도 안하고 나로서는 자신을 정립할 수 있는 좋은 기회였는지도 모르죠. 이 시기에 또 한 가지 깨달은 점은 미국 영화가 하는 방식과 똑같은 영화 만들기 방식으로 그들을 상대해서는 안 된다는 거였지요. 한국의 제작 시스템과 사회 현실로는 아무리 흉내 내도 그들의 진보된 기술, 우수한 인력, 영화적 창의성 등을 도저히 따라갈 수 없어요. 그렇다면 나는 한국의 영화 감독으로서 어떤 영화를 만들 것인가? 이것이 내가 풀어야 할 중요한 숙제였지요. 한국적 영화를 어떻게 표현해 낼 수 있을 것인가, 할리우드 영화와는 어떻게 차별화시킬 것인가를 고심했어요. 그래서 강구해 낸 한 가지 방법이 편집을 통해 외형적 속도감을 보여주는 서

양식으로부터 벗어나서 동양의 정적 이미지를 살리자는 것이었죠. 「족보」부터는 카메라를 고정시켜 길게 찍기를 시도했어요. 결과가 괜찮더군요. 그래서 그 이후부터는 그 방식을 선호하게 되었지요.

1979년에 접어들어서는 나는 좋은 주제가 확실하게 드러나는 영화를 찍게 되었고, 흥미 유발로 관객을 잡으려는 못된 버릇을 자제하게 되었어요. 그리고 「깃발 없는 기수」까지 갔는데, 그러다 보니 정말 재미없는 영화가 되어버리더군요. (학생들 웃음) 뼈대만 있고 살은 없는 그런 영화라고나 할까요? 「깃발 없는 기수」의 개봉관 관객 수가 아마 천몇백 명 정도였을 겁니다. 실패했지요.

비평가들은 내 작품 활동 시기를 10년 단위로 구분해서 말합니다. 1960년대는 저급한 영화를 남발한 시기, 1970년대는 자기를 단련한 시기, 1980년대는 관객과 만나는 시기라고 하더군요. 그들 말처럼 1980년대부터는 조금씩 성과가 나타나기 시작했어요. 「만다라」가 〈베를린 영화제〉에서 호평을 받았고, 그때부터 비로소 유럽 쪽에 내 영화가 알려지기 시작했지요. 그전에도 이두용 감독이 호평을 받으면서 조금씩 한국 영화에 대한 관심이 일기 시작했는데, 「만다라」가 한국 영화에 대한 관심을 본격적으로 일으킨 계기가 되었다고 볼 수 있지요. 그후 「길소뜸」, 「씨받이」, 「아제 아제 바라아제」 등이 베니스, 몬트리올, 모스크바, 상하이 영화제를 비롯해서 해외에서 호응을 얻게 되었죠. 그런데 이 영화들로 여배우상만 타고, 감독상은 하나도 타지 못하니 남 좋은 일만 시키는 게 아니냐고 사람들이 우스갯소리를 하더군요.

조금 전에도 언급했지만, 난 영화 감독이란 자기가 태

「망부석」(1963), 촬영 세트에서. 왼쪽은 신성일, 오른쪽은 이경희.

「속눈썹이 긴 여자」(1970), 오픈 세트에서. 왼쪽부터
주연을 맡은 문희와 윤양하, 그리고 임권택 감독.

어나서 자란 곳으로부터 도망갈 수 없는 사람이라고 생
각해요. 무슨 뜻인가 하면, 나무나 식물처럼 영화 감독
에게도 자기가 태어나고 자란 토양과 그곳에서의 삶이
영화의 토대로 작용한다는 것입니다. 그래서 아무리
도망가고 싶어도 도망갈 수 없는 그 장소, 그 삶이 영화
작업에 반영되어 창조적으로 재현되는 것이지요.
1990년대에 들어서도 이런 영화를 만들려고 애를 썼
어요. 여담으로 한 가지를 언급하고 넘어가지요. 여러
분 중 제작자가 될 사람도 있을 테니까 참고삼아 하는
겁니다. 내가 「장군의 아들」을 만들 때의 일입니다.
「장군의 아들」을 영화화한 배경은 이렇습니다. 1986년
에 〈베니스 영화제〉에서 강수연 양이 여우주연상을 타
고, 1987년 「아다다」로 몬트리올에서 신혜수 양이 여
우주연상을 타고, 다시 1989년에 「아제 아제 바라아
제」로 강수연 양이 모스크바에서 여우주연상을 탔어
요. 여배우들만 상을 타고 정작 나 자신은 상을 탄 게
없으니 1990년대에 들어오면서 마음이 급해졌어요.
사실 그 여배우상은 3등상인 셈이죠. 여기까지 왔으면
그래도 감독상을 타야 되지 않겠는가 해서 좀 초조해
하고 있을 무렵이었어요. 또 그동안 급하게 작품을 영
화제에 내보내고 하면서 심신이 모두 지친 상태였지
요. 그런데 그때 이태원 사장이 휴식 겸해서 가벼운 액
션물을 한번 해보면 어떻겠냐고 의향을 묻더군요. 나
는 지금 빨리 영화제에 작품을 내보내서 뭔가 성과를
얻을 작품을 구상해야겠는데 「장군의 아들」을 하자는
겁니다. 당시로선 좀 언짢은 제의였어요. 그때 내게 액
션 영화를 하자고 제안할 제작자는 한국에서는 없었어
요. 그런데 이태원 사장은 내가 1960년대 그 저질스런
액션 감독이었다는 것을 너무 잘 알고 있어요. 언젠가

정성일 씨가 B급 액션 드라마라며 예전의 내 작품인 「돌아온 왼손잡이」, 「애꾸눈 박」 등을 언급한 적이 있거든요. (웃음) 이 제작자는 그걸 기억해 내서 내가 아직도 그런 영화를 만들 수 있을 거라는 생각을 했었나 봅니다. 그런데 나도 좀 쉬어야겠다 하는 생각이 들더군요. 사실 영화를 찍으면서 쉰다는 것은 말도 안 되는 소린데……

아무튼 쉬어야겠다는 생각을 하고 「장군의 아들」을 찍기로 했어요. 그런데 감독 입장에서 지금 액션 드라마를 찍어봐야 옛날 그 「돌아온 왼손잡이」, 「애꾸눈 박」 밖에 더 되겠는가라는 두려움이 앞서더군요. 그러면서도 액션 드라마를 해본 감독으로서 내가 그동안 액션 드라마를 연출하는 방식이 얼마나 달라져 있는지 점검해 보고 싶은 욕심도 났어요. 그래서 그 제의를 수락했지요. 그러나 기존의 액션 배우로는 안 되겠다고 생각했지요. 그런데 신인을 기용한다는 건 일종의 모험이거든요. 연기자 일부를 신인들로 기용해서 노련한 배우들 틈에 놓으면 미숙한 연기가 단번에 표시가 나기 때문이지요. 결국 「장군의 아들」은 주요 인물을 모두 신인으로 하기로 결정했어요. 액션 드라마는 아주 미세한 감정 세계를 다룰 필요가 없어서 가능하다고 판단했지요. 몇 사람을 제외하고는 모두 신인인데, 기본도 안 된 친구들을 데리고 찍어가면서 중간쯤 되니까 겁이 나기 시작하더군요. 결과가 어떻게 되려고 겁도 없는 짓을 했는지 후회도 했어요. 제작비도 많이 들었거든요. 그런데 흥행이 된 겁니다. 휴식이 아니라 결과적으로 죽어난 거예요. 그 초년병들을 데리고…… (웃음) 그 당시 김영빈 감독이 연출부에 있었어요. 그래서 두 편은 그에게 맡겨 감독으로 데뷔시키

「남자는 안 팔려」(1963), 촬영 현장에서, 오른쪽은 주인공 구봉서.

려고 했어요. 나는 다른 작업을 하려고 했지요. 그런데 제작자가 막무가내로 내가 2편도 해야 된다고 하지 않겠어요. 하기는 했지만 반강제로 하게 되었기 때문에 질이 떨어지기 시작한 거죠.「대부」는 2편이 더 좋다는 평가를 받기도 하지만 말입니다. 3편은 이제 말로 할 수 없을 정도로 엉망인 영화가 되어버렸지요. 3편을 찍을 때 김홍준 감독이 유학 도중에 연출부로 들어와 일하면서 던진 말이 있어요. 무슨 세계적 명작을 찍는 줄 알았대요. 하도 열심히 찍어서.

나는 예전에 시나리오 없이 밤에 버스로 오가며 찍을 때에도 그 순간에는 최선을 다했어요.「장군의 아들」연출할 때도 작품에 임하는 순간에는 최선을 다했지요. 결과적으로 내 생각에 작품성이 없어 보여서 문제지요. 누가 이런 질문을 하더군요. 만약 당신에게 10여 년 동안에 50여 편의 작품을 찍던 그 시절로 다시 돌아가 영화 인생을 더 가치 있게 살아낼 기회가 주어진다면 그 시절로 돌아가겠는가라고요. 나는 싫다고 대답했어요. 왜냐하면 그 시절이 너무 고통스러웠기 때문이지요. 지금도 사실 그래요. 나는 녹음하고 시사 끝나면 내 영화를 안 봅니다. 잘 안 된 부분이 자꾸 보이거든요. 그걸 보면 너무 고통스러우니까 일단 손에서 떨어져 나가면 다시는 안 봐요. 그것이 얼마나 고통스러운지는 여러분들이 감독이 되어 겪어보면 알 거예요. 그렇기 때문에 그 고통을 줄이기 위해서라도 최선을 다하려고 하는 거지요. 그래서 완벽한 작품이 나오면 좋지만 영화도 여하튼 사람이 하는 작업이니 완벽하기가 힘들지요.

원래 이야기하려고 했던 것에서 조금 벗어나 버렸는데요, 우선 제작자의 능력, 그러니까 저 감독이 1960년대

「애꾸눈 박」을 찍었다는 걸 기억해 내고 그런 재능을 캐내서 상품화시키려는 제작자의 기획력은 칭찬할 만해요. 남들은 내가 잘해서 태흥영화사에 돈을 벌어주었다고 하지만, 이건 이태원이라는 제작자가 상품을 만드는 기획을 잘했던 것이지 내가 한 건 별로 없어요. 요즘 나는 나이가 들면 들수록 나이만큼의 영화를 해야 하지 않을까 하는 생각이 들어요. 나이 들어서 했던 영화들인 「서편제」, 「태백산맥」, 「축제」, 이런 것들이 그렇습니다. 특히 「축제」의 경우가 그래요. 젊었을 때는 내게 무슨 죽음이 오겠는가 하면서 살았는데 죽음이라는 것이 우리네 인생에서 비켜 갈 수 없다는 것을 절박하게 느끼기 시작한 나이가 되니 자연스럽게 「축제」를 만들게 되더군요. 영화 소재란 어느 날 갑자기 즉흥적으로 생기는 것이 아니라는 것을 나중에 좀더 자세하게 설명할 기회가 있을 겁니다.

이따금씩 기자들이 이런 질문을 해요. 내 작품 중에서 대표작이 무엇이라고 생각하느냐고요. 그러면 이렇게 답하지요. 나는 지금껏 결함 없이 잘된 영화라고 생각되는 작품을 하나도 못해서 대표작을 말할 수 없다고요. 그러나 상대적 평가 기준으로 그리고 관객이나 비평가들의 평가를 통해서는 「서편제」 혹은 「만다라」를 말할 수 있겠지요. 그런데 최근에는 「축제」를 내 대표작으로 꼽는 사람이 많아요. 그 작품이 영화적 완성도가 높아서라기보다 나이만큼 해낸 영화라는 데서 그런 평가를 받는 게 아닐까 생각해요.

저는 근자에 영화 속에서 이념 문제를 다루고 싶었어요. 「태백산맥」을 찍으면서 말도 많이 들었지만 말입니다. 우리가 이데올로기로 인해 동족끼리 전쟁도 일으켰고 결국 열강들 대리 전쟁을 치른 결과를 초래했

「서편제」(1993). 촬영 현장에서, 가운데는 촬영 감독 정일성, 오른쪽은 작가 이청준.

잖아요. 이데올로기 대립은 단지 희생만을 낳았고 분단이라는 아픔을 야기했지요. 이런 걸 보면서 나는 이런 생각을 했습니다. 인간이 인간답게 살 수 있는 목적의 어떤 이데올로기라도 인간이 존중되는 바탕 위에서 추구해 가야지 목적 달성을 위해 인간을 희생시킨다면 잘못된 것이라고요. 그래서 난 영화에 이념 문제와 더불어 인간을 존중해야 된다는 인본주의적인 생각을 담아보려는 노력을 하고 있습니다. 또 한 가지, 우리 영화가 세계 영화의 장에서 굳게 자리 잡으려면 외국인은 찍어낼 수 없는 고유의 정서나 문화를 바탕으로 만들어져야 합니다. 유럽 영화나 미국 영화를 흉내 내서는 절대로 살아남을 수 없다고 생각해요. 여러분들도 알다시피 동양 영화 중에서 일본 영화나 중국 영화는 굉장한 평가를 받습니다. 물론 한국 영화가 작품의 완성도 면에서 뒤진 점도 있겠지만 기획이나 홍보 면에서 부족한 점도 있을 겁니다. 그리고 무엇보다도 자국민의 자국 영화에 대한 관심과 좋은 작품에 대한 지원과 성원이 필요하겠지요.

그런데 사실 한국의 지역 문화가 세계에서 공감대를 얻을 수 있는가 하는 보편성의 문제에서는 어려운 점이 있기는 합니다. 다시 말하자면 문화적 차이로 인해 다른 나라 관객이 영화가 표현해 낸 이미지나 주제를 이해하지 못해서 좋은 작품의 진가를 알아보지 못하는 경우도 있다는 것이죠. 예를 들어볼게요. 전에 내가 〈상하이 영화제〉에서 심사 위원으로 위촉되어 심사를 한 적이 있어요. 내가 1회 때 감독상을 수상한 적도 있고 오정해 양이 「서편제」로 신인배우상을 수상하기도 했기 때문에 참석하게 되었어요. 심사 위원에 위촉된 다른 사람들로는 서양 영화인 세 명이 있었지요. 그중

마크 라이델 Mark Rydell이라는 미국 영화인은 「황금
연못 On Golden Pond」을 찍은 감독이었어요. 이 사
람 작품은 미국 영화답지 않은 아주 진솔한 면을 갖고
있는데, 그의 작품은 아카데미상에 노미네이트된 적
도 있어요. 그리고 엘렘 크리미노프라는 러시아 감독
도 있었는데, 그는 1975년 〈모스크바 영화제〉에서 작
품상을 받고 1982년에는 〈베니스 영화제〉에서도 수상
한, 세계적으로 많이 알려진 감독이에요. 또 한 사람은
헝가리인으로 이스트반 자보 Istvan Szabo라는 감독
입니다. 「메피스토」로 아카데미 외국어영화상을 수상
한 감독이죠. 이 세 사람 외에 중국 시나리오 작가, 영
화 평론가 협회를 대표한 평론가 한 사람, 〈홍콩 영화
제〉 집행 위원회와 감독 위원회 회장을 역임했던 사람,
1990년도에 〈칸 영화제〉에서 여배우상을 수상한 일본
여배우가 있었어요. 나를 포함해서 모두 일곱 명이었
지요. 〈상하이 영화제〉는 공산주의 국가 행사이기 때
문에 동성애를 다룬 영화나 성애 영화는 초청 대상에
서 제외됩니다. 비교적 건전한 영화들이 상영되지요.
중국 감독이 만든 「편안한 삶安居」이라는 영화가 출품
되었어요. 후빈 류라는 감독인데 작품이 상당히 좋더
군요. 중국이 산업 사회에 들어서면서 발생한 핵가족
화 문제를 담았더군요. 외아들과 며느리 그리고 시어
머니와의 관계도 보여주는 영화예요. 어머니와 따로
사는 아들은 어머니가 불편하지 않게 모든 가전 제품
들, 주방 기구를 구비해 주지만 정작 바빠서 자주 찾아
뵙지를 못해요. 어쩌다가 어머니를 방문하게 되면 아
내가 뭐라고 그러는 거예요. 우리나라의 고부간의 갈
등을 생각하면 돼요. 그런데 아들이 전화하는 장면이
있어요. 그의 어머니는 전화를 보자기로 덮어놨다가

「축제」(1997), 촬영 현장에서.

전화만 오면 보자기를 열고 전화를 받지요. 제 생각에는 중국 영화 중에서는 꼭 상을 탈 만한 작품이었어요. 그래서 평점을 매길 때 이 영화를 작품상으로 하면 좋겠다는 제안을 했어요. 그런데 자보라는 감독이 자기는 도무지 이해를 할 수가 없다고 하는 거예요. 집안에 비싼 가구가 많은데 그걸 두고 전화에다 보자기를 덮어놓고 소중히 다루는 이유를 모르겠다는 겁니다. 전화가 곧 아들이다. 아들과 접속하는 통로다, 이 어머니에게는 얼마 남지 않은 생애에서 인생을 사는 최고 가치가 아들과의 만남이다, 그런 맥락에서 이해해야 하는 거지요. 그렇기 때문에 이 집안의 어떤 가구보다도 전화가 소중한 존재이고 따라서 보자기로 덮는 것이라고 얘기를 했지요. 듣고 나서 그가 그러더군요. 전화를 소중히 하는 건 이해가 된다고. 그러나 여전히 한 가지 의문이 남는다고 하더군요. 왜 남은 생애에서 아들을 만나는 것을 삶의 최고 보람으로 삼는가 하는 점이었어요. 그 감독의 말이 맞아요. 그게 바로 문화적 차이지요. 서양 사람은 자신의 삶을 스스로 성취해 가면서 살지, 아들을 만나서 보람을 느끼는 경우는 별로 없을 거라고요. 그런데 여기서 중요한 것은, 자보라는 감독이 서양이 기득권을 가진 것으로 알고 있다는 점입니다. 그래서 동양을 자신의 잣대로 이해하려고 하지요. 아니 동양에 대해 애써 깊이 이해하려고 하지도 않지요. 집행부 쪽에서도 내 이야기를 들더니 그 영화를 보면서 자기들도 미처 읽어내지 못한 것을 내가 시시콜콜 얘기하니까 가슴이 다 저린다고 했어요. 그런데 그 자보는 계속해서 왜 가슴이 저미는지 모르겠다고 하는 걸 보면서 충격을 받았어요. 이런 서양인들에게는 내 영화도 똑같이 비쳤을 것이 아닌가 하는 생각에서였지

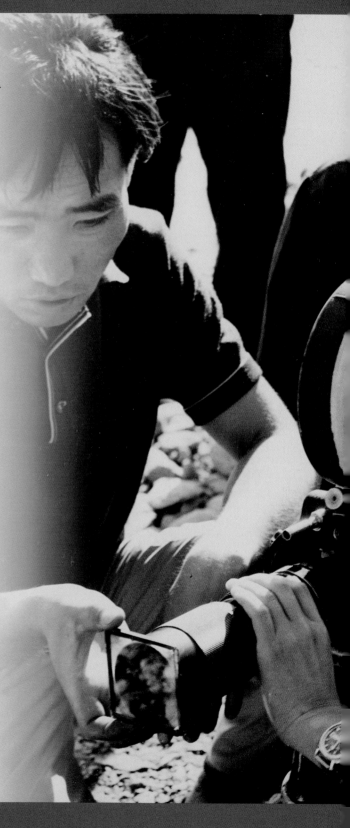

요. 그 영화제에 마침 「메피스토」의 제작자도 와 있었어요. 그 친구는 내 영화를 아주 잘 이해하더군요. 그는 동양 문화를 깊이 이해하고 있었고, 전적으로 내 영화에 대해서 지지를 보냈어요. 그래서 그를 만나서 서양인들은 무슨 기득권을 가진 것처럼 행동하고 동양 영화를 깊이 이해하려는 노력을 하지 않는다는 점을 이야기했어요. 그때 자보가 오니까 그 제작자는 그를 막 몰아붙이는 거예요. 그 후 자보가 그러더군요. 내 의견에 동조해서 그 영화에 중요한 상을 다 줬는데 그래도 동양에 대한 이해가 부족하다고 이야기를 해서 자신을 곤란하게 만드냐고요. (웃음) 사실 웃고 넘어갈 이야기가 아니에요. 우리가 동양 문화를 주변 문화로 밀어내면서 영화의 의미를 제대로 파악하지 못하는 그런 사람들을 납득시킬 수 있는 필름을 어떻게 만들어가야 하는지 깊이 생각해 보라고 한 말입니다.

나는 근본적으로 리얼리티가 있는 영화라야 살아 있는 영화라고 생각합니다. 그것이 내 개인적 삶을 리얼하게 그려낸다는 뜻은 아니에요. 여러분이나 우리들 모두가 공유할 수 있는 삶을 진솔하게 다루는 영화를 말하는 겁니다. 셰익스피어가 인생은 무대라고 한 것처럼 우리의 삶은 곧 영화이고, 영화 속에 우리의 삶이 담기는 것이라고 생각합니다.

삶의 질곡이 영화 속에 그려지지만 그렇게 하는 근원적인 목적은 우리가 사는 이 세상이 아름답고 행복한 것이기를 기원하는 것이 아니겠어요? 나는 궁극적으로 영화 만들기가 행복한 인간의 삶을 구현하는 데 도움이 되는 예술적 창작이었으면 해요. 물론 그게 쉬운 일은 아니겠지요.

「나를 더 이상 괴롭히지 마라」(1972), 촬영 현장에서.

자보를 예로 들어 동양 영화에 무지한 서양인을 비난했지만 그렇지 않은 사람도 많습니다. 알랭 잘라도라는 〈낭트 영화제〉 집행 위원장은 동양 영화에 대한 깊은 관심과 이해를 갖고 있는 사람입니다. 1989년에 내 회고전에서 그가 내 작품을 평한 글이 있어요. 그때 유지나 교수도 함께 갔었어요. 읽어볼게요. "그는 역사적 영화와 현대물을 번갈아 내놓으면서, 한국 문화와 역사에 관한 일종의 백과사전을 만들어놓았다." 이것은 15년에 걸친 제 작품 세계를 분석한 글입니다. "영화의 이야기나 작품 속에 등장하는 주인공들이 작품의 중심임에도 불구하고 늘 교훈적인 모습을 내포하고 있다. 너무 오랫동안 우롱당해 온 역사와 민족 문화에 대해 말하고, 서로 다른 종교들의 외침에서부터 조국 분단에 대한 심한 충격까지, 또 여성의 비극적 운명으로부터 도시와 농촌의 갈등까지 담아내는 임권택의 영화 중에는, 현재와 과거가 언제나 상호 작용하는 이 거대한 집합물 속에 기여하지 않은 것이 없다." 그는 내 영화를 보면서 한국을 이해한 셈입니다. 이 친구는 15년 동안의 나의 작품을 보면서 총평을 한 겁니다. 물론 모든 사람들이 내 작품에 우호적인 것은 아니지만 이렇게 내 작품을 잘 이해하는 서양인도 있습니다. 내 이야기는 이것으로 끝내고 여러분의 질문을 받도록 하지요. 너무 어려운 질문은 하지 말아요. (웃음)

유지나   제가 감독님을 모시고 여러 영화제를 다니면서 개인적으로 들었던 재미있는 이야기들이 많은데, 제가 지금까지 들었던 것보다 훨씬 재미있게 이야기를 해주셨어요. 오랜 기간의 영화 작업에 대한 이야기를 정해진 시간 내에 하시다 보니까 생략도 있었지만, 사실 중요한 내용이 많았습니다. 여

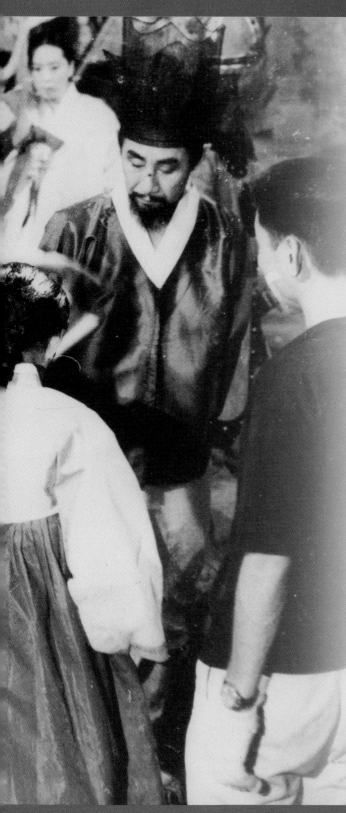

러분의 질문을 통해 좀더 자세한 이야기가 나올 수 있을 것 같습니다. 저도 사실 질문이 있습니다.

임권택　잠깐, 질문 받기 전에 나와 유 선생의 관계를 먼저 얘기하죠. 유 선생이 파리에서 유학하고 있을 때, 〈베니스 영화제〉, 〈모스크바 영화제〉 그리고 〈낭트 영화제〉 모두 통역 겸해서 다니며 도움을 주었어요. 좌우간 유 선생과 나는 굉장히 긴 세월에 걸친 인연이었지요. 그때 내게서 다 들었기 때문에 더 질문할 게 없을 텐데요. (웃음)

유지나　저도 감독님과의 인연에 대해 이야기해 드리죠. 저는 비평가가 되겠다는 생각 없이 비평가가 되었다는 말을 하는데요. 사실 임 감독님 때문에 됐어요. 감독님을 모시고 영화제를 다니면서 수행 비서 겸 통역을 오래 하다 보니까 서당개 몇 년이 되는 거예요. (웃음) 그래서 감독님은 제게 연출 현장의 사부님은 아니지만 여하튼 제 영화 인생의 사부님인 셈인데, 이렇게 모시고 수업을 하려니까 굉장히 조심스럽습니다. 저는 질문을 참을게요. 여러분들이 먼저 자유롭게 질문해 주세요.

학생 1　콘티 작업을 어떻게 하시는지요? 어떤 기준과 원칙으로 콘티를 작성하시는지 궁금합니다.

임권택　감독 초기에는 콘티가 없으면 못 찍었어요. 그런데 콘티를 만들어도 현장에 가면 달라지고 어젯밤까지 최선이라고 생각했던 것이 현장에 가면 이게 최선인가 하는 의문이 들고 해서 메모 정도만 하고 콘티는 만들지 않게 되었어요. 처음에 영화 틀을 짜고 메모로 일종의 콘티 같은 윤곽을 대충 만들지요. 현장에 나가서도 마지막 숏을 외칠 때까지

「망부석」(1963). 촬영 현장에서. 오른쪽 위는 허장강.

이것이 최선인가 끊임없이 의심하면서 그때그때 최선의 상황을 이끌어내려고 합니다. 콘티 작업에 대해서는 앞으로 각각 개별적인 영화에 들어가서 연출 의도와 함께 언급하도록 하지요. 너무 범위가 넓어서요.

학생 2 감독님은 여러 장르를 섭렵하셨다고는 하지만 코미디 영화는 없었던 것 같은데요. 그리고 감독님의 영화 중에는 아무리 찾아봐도 코미디적인 요소는 별로 없습니다. 요즘 한국 영화계에는 강우석 감독을 비롯해서 코미디 장르를 연출하는 감독들이 많습니다. 감독님은 코미디 영화를 어떻게 생각하시는지, 그리고 제작자가 감독님께 코미디 장르를 맡긴다면 해볼 의향이 있으신지 궁금합니다.

임권택 내가 코미디를 찍을 수 있는지는 시도해봐야 알겠지요. 요즘 유행하고 있는 영화를 내가 많이 안 봐서 모르지만, 실은 나도 코미디 영화를 초기에 좀 찍어본 적이 있어요. 1년에 여러 편을 찍던 시절인데, 그때 나는 그 방면에 소질이 없다고 느끼고 있었어요. 그런데 내가 평소에 좀 우스갯소리를 하는 걸 보고 이태원 사장이 코미디 한번 찍어보면 어떠냐고 제의를 한 적이 있긴 해요. 못 들은 척하고 넘어갔지요.

학생 3 감독님은 배우 선택을 매우 잘하시고 또한 배우의 연기를 이끌어내는 데도 탁월하시다고 들었습니다. 그 점에 대해 감독님의 고견을 듣고 싶습니다.

임권택 배우와 감독이 충돌하면 그 영화는 산으로 올라갑니다. 내가 연기 지도를 잘했다는 생각을 한 적은 한번도 없어요. 단지 나는 아무리 경험 있고 능력 있는 연기자라도 틀에 박힌 연기를 하는

것을 제일 싫어합니다. 오히려 나는 배우 운이 좋은 것 같아요. 좋은 연기를 해낼 만한 연기자를 만날 기회가 많았다고 보는 게 맞아요. 특별히 연기 지도를 따로 하지는 않아요. 단지 나는 연기자가 감독과 함께 작품을 분석하면서 서로 오차가 없도록 생각을 교환하고 작품이 가진 메시지를 이해하려고 해야 한다고 생각해요. 촬영이 없어도 현장에서 작업을 해가는 과정을 지켜보면서 자기 역할을 어떻게 소화할 것인지 생각하는 것도 중요하다고 봅니다.

유지나 언젠가 감독님 스스로도 인정하셨는데, 감독님은 사람을 보는 통찰력이 뛰어나신 것 같아요. 결국 그런 능력이 캐스팅에 발휘되는 것을 운이 좋다고 겸손하게 표현하시는 것 같습니다.

임권택 영화를 만들 때 가장 신경을 쓰는 부분이 두 가지 있어요. 하나는 작품이 가지는 캐릭터와 얼마나 가까운 배우를 골라내는가이고, 또 다른 한 가지는 작품이 요구하는 배경과 같은 적절한 장소를 선택하는 것이지요. 그 두 가지를 실패하면 영화가 잘될 리가 없지요.

학생 4 감독님께서는 자신이 찍은 영화를 잘 안 본다고 하셨고, 더구나 보는 과정이 고통이라고 하셨는데, 영화를 찍는 과정은 행복한 과정이실 거라고 생각합니다. 영화를 찍는 과정에서 몰입하며 희열을 느꼈던 적이 있으실 텐데요, 특별히 그런 경험이 강했던 영화가 있으신지, 매번 찍을 때마다 느끼시는지 궁금합니다.

임권택 영화 한 편의 컷 수는 보통 400개인데, 액션 영화의 경우에는 천 개가 넘어요. 그런 많은 컷을 찍어내는 과정에서 감독이 예상치 못했던

「삼십년 만의 대결」(1971), 촬영 현장에서, 왼쪽은 신인으로 데뷔한 김희라.

「축제」(1997), 장흥 촬영 현장에서.

컷, 혹은 감독의 생각을 초월하는 연기자의 노력, 자연 조건, 스태프의 창의력 등을 통해 아주 훌륭한 컷을 얻어내는 경우가 있는데 그때 그런 감정을 느끼지요. 그게 없다면 무슨 재미로 영화를 하겠어요. 그런데 영화 작업 전체가 늘 그렇게 된다면 얼마나 좋겠어요. 혼자 하는 게 아니기 때문에 힘든 일이 더 많아 탈이죠. 정해진 스케줄에 따라 경제적으로 작업해야 하기 때문에 때로는 나중에 두고두고 후회할 컷도 찍게 되지요. 그 장면을 생각하면 고통스럽죠. 그래서 영화를 잘 안 봐요. 어떤 사람은 자기 작품을 찍은 후 잘 찍었다고 혼자 도취하기도 한다던데 난 좀 힘들더군요.

학생 5 「창」에 대한 감독님의 생각을 듣고 싶습니다. 그리고 감독님께서 좋아하시는 감독이나 평생 기억에 남는 영화가 있으신지 알고 싶습니다.

임권택 「창」은 군인들이 집권하면서 인간의 삶이 너무 물질적인 것에 종속되어 잘못되어 가고 있는 점을 보여주려고 했는데 그것을 잘 담아내지 못한 영화입니다.

그리고 저는 특별히 어떤 영화나 감독을 좋아하기보다는 좋은 영화를 찍어낸 감독이나 참여한 사람 모두에게 존경심을 갖고 있어요. 그래서 어떤 특정 감독의 영향을 받았다고 말할 수는 없지요. 내가 지금은 영화를 많이 못 보지만 감독 초기에는 참 열심히 영화를 보았어요. 그중에 페데리코 펠리니의 「길」은 두 번 볼 정도로 감동을 받았지요. 영화를 보는 안목이 없었던 시절에 두 번이나 봤다면 대단한 영화죠. 여러 가지로 감동적인 영화였어요.

학생 6 「타이타닉」 같은 거대 자본의 영화가 영화 시장을 잠식하는데, 외국 거대 자본 영화에 대한 한국 영화의 대처 방안은 무엇이라고 생각하시는지요?

임권택 내가 〈낭트 영화제〉에 갔을 때 한국 유학생 하나가 했던 질문과 같군요. 미국 영화를 이길 수는 없어요. 미국 영화만큼 제작비를 준다면 모르지요. 혹시 그런 대작을 만들면 한번 겨루어볼 수도 있을 테니까요. 아니, 실은 내가 그런 돈을 써봤어야 알지요. (웃음) 여러분 스스로 생각하고 여러 가지 방법을 강구하면서 이겨내고자 하는 노력이 결국 미국 영화에 대항하는 힘이 될 것이라고 봅니다. 당장에 구체적인 해답을 줄 수 없어 유감이군요. 결국 그것은 여러분들 몫이겠지요. ∎

영상 속에 담아낸
우리 소리, 우리 풍경

유지나··· 오늘은「서편제」의 연출 과정에 대해서 감독님께서 먼저 이야
기하시고, 편집된「서편제」비디오를 보기로 하겠습니다. 그리
고 여러분의 질문과 다양한 의견을 듣기로 하지요. 감독님, 시작하시지요.

임권택··· 이번이 두번째지요? 여러분, 내가 강의한다고 생각하지 말고
편하게 들었으면 해요. 내가 말솜씨가 없어서 여러분이 유추해
서 들어야 하는 부분이 많을 겁니다.

「서편제」를 첫 영화로 선정한 것은 해외에서나 국내에서 이 작품이 내 대표작으로
인식되고 있기도 하고 내 스스로도 한때 그렇다고 생각했기 때문입니다. 영화를 시
사하는 자리가 아니면 내 영화를 다시 잘 보지 않는 나도「서편제」는 여러 번 보았습
니다. 그러나 지금 생각해 보면 개인적으로 정말 자신 있게 이 작품을 내 대표작이라
고 할 수 있을 만큼 완벽하지는 않아요. 단지 외적으로 드러난 평가로 볼 때「서편제」
가 대표작이라는 것이지요. 여하튼「서편제」는 한국 영화의 흥행 기록을 깨고 국내

「서편제」(1993), 소리꾼 일가의 삶을 통해
묻혀 있던 우리 소리, 우리 문화의 감동을
영상으로 그려냈다.

에서 주는 상은 거의 휩쓸다시피 했지요. 그리고 이 영화는 당시 한국 사회에서 우리 문화에 대한 애정을 불러일으켰어요. 이런 점에서 「서편제」가 높이 평가받았다고 할 수 있지요.

이 자리에서 나는 형식적 측면에서 「서편제」의 잘된 점과 문제점을 똑같은 비중으로 다룰 것입니다. 그리고 이 영화 속에 무엇을 담고자 했으며 그 의도가 제대로 되었는지 나름대로 점검해 보겠어요.

1976년인가 1978년인가 어느 잡지에 「서편제」라는 단편소설이 소개된 것을 읽었지요. 지금은 남도 사람들 이야기로 「서편제」뿐 아니라 「소리의 빛」, 「선학동 나그네」, 이렇게 연작으로 나와 있지만, 그때는 애비가 딸에게 한을 심어서 득음을 시킨다고 눈멀게 하는 장면이 들어간 그 얘기 한 토막이었어요.

그전에 두어 번 사극을 하면서 판소리를 들은 적이 있는데 이상하게 심금을 울리는 겁니다. 이 소설을 읽을 때도 마치 판소리를 듣고 있는 것처럼 내 마음 깊

유봉이 잔칫집에서 「춘향가」 어사 출두 대목을 부르고 있다.

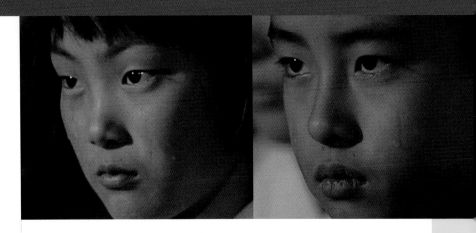

은 곳 어딘가가 건드려지는 그런 기분이었지요. 그때부터 판소리 영화를 한번 만들고 싶다는 생각을 했어요. 지금 와서 생각해 보면, 그 당시에 그것을 영화화했다면 우스운 영화가 되었을 겁니다. 애비가 딸을 눈멀게 해서 득음을 시킨다는 강한 드라마라면 반드시 부녀간의 심리적 추이나 갈등, 우여곡절에 초점을 맞춰서 신파조의 영화가 되었겠지요.

대통령 선거를 1년 앞둔 시기에 「태백산맥」을 준비하고 있을 때였습니다. 그런데 어느 날 문화체육부에서 사람이 와서는 아직은 이념 문제를 객관적으로 다룰 시기가 아니라면서 제동을 걸더군요. 선거 후에는 두 김씨 중 누가 되든 「태백산맥」을 찍을 수 있겠지 싶어서 미루기로 했지요.

그러던 어느 날 연출부 모두 우리 집에 모인 적이 있어요. 텔레비전을 켰는데 오정해 씨가 화면에 클로즈업되는 겁니다. 남원에서 열린 춘향선발대회가 방송되고 있었지요. 쌍꺼풀도 없는 전형적인 한국 여성 이미지의 오정해를 보면서 연출부한테 「태백산맥」에 출연시키자고 했어요. 무당 딸인 소화라는 배역에 어울릴 듯싶었어요.

그런데 오정해가 춘향으로 당선되어 당선 소감을 말하는데, 이 아가씨가 판소리를 거침없이 해내는 것 아니겠어요? 눈여겨봐 두고 있던 참에 오정해가 동숭동에서 공연하는 연극에 출연 중이라는 소식을 듣고 가보았지요. 그러고 나서 김명곤 씨를 만났어요. 「개벽」을 찍을 때 그가 판소리한다는 것을 알았기 때문이지요. 「서편제」에서 부녀 역을 할 수 있는 인물을 만나게 된 셈이지요. 연출자는 이런 것이 거의 버릇처럼 체질화되어야 해요. 배우들의 특성을 잘 기억해 두는 것, 또 지금 당장 필요 없을지라도 언젠가는 유용하게 사용할 수 있는

어린 송화와 동호가 「춘향가」 공연을
보며 눈물을 흘리고 있다.

장소를 눈여겨봐 두는 것 말이지요. 나는 기억력 없기로 유명한데도 그런 건 잘 기억하거든요. (웃음)

그 당시에 난 『서편제』라는 소설 제목을 잊었던 터라 김명곤 씨를 만나서 대략 내용 설명을 했더니 그가 『서편제』일 거라고 하더군요. 김명곤 씨는 명창 이야 기를 취재해서 모아 책으로 발행할 정도로 그 분야에 일가견이 있는 배우이자 연극 연출가지요. 그래서 원작을 찾아보고 영화로 만들기로 결정했어요.

제작사 측에서도 「장군의 아들」이 어느 정도 흥행에 성공한 직후라 흥행과는 무관하게 작품성 있는 영화에 투자하겠다고 흔쾌히 받아들이더군요. 판소리 에 관심 있는 사람들을 위해 그리고 해외에 우리 전통 문화를 소개하는 차원에 서 영화를 만들자는 데 제작사와 합의를 했어요. 그런데 예기치 않게 「서편제」 는 최고 흥행 기록을 세웠어요. 내가 책을 읽었던 1976년도에 연출했다면 신파 영화가 되었을 뻔한 이 작품은 소리의 감동을 영상으로 표현하고자 한 연출 시 도가 성공적이어서 개인적으로도 만족스러운 작품입니다. 물론 조금 전에 말 했듯이 볼 때마다 아쉬운 부분이 드러나기는 하지만 말입니다. 소리와 우리 자 연이 합일된 느낌을 영화로 전달하려고 한 부분은 이루어졌지요.

먼저 「서편제」에 대한 긍정적인 평을 여러분에게 소개하겠어요. 그 후에 편집 된 영상을 보면서 내가 생각하는 잘된 부분, 잘못된 부분을 지적해 보지요. 「서 편제」에 관해 쓴 『서편제 영화 이야기』라는 책의 3분의 1은 전부 칭찬하는 말 일 겁니다. (웃음)

잠깐 인용해 보겠어요. 어느 교수가 영화를 보고 난 후의 감상을 이렇게 표현 하고 있어요. "한국인의 긍지, 그 속으로 피보다 짙은 민족 문화의 유전적 예 술혼이 대하처럼 흐른다." (웃음) 어느 경제 신문사 기자는 "내 속의 어디에 온전한 우리 것에 대한 그리움이 숨어 있었을까?"라고 했고, 어느 출판사 대 표는 "나의 정체를 비로소 알겠다."라고도 했어요. (웃음) 그리고 MBC 아나 운서는 "우리 소리에 대한 깨어남, 우리 땅에 대한 깨어남"이라고 했고요. 각 신문, 방송 할 것 없이 서편제 신드롬이라 표현하면서 「서편제」가 예술계에 우 리의 것을 찾자는 새 바람을 일으켰다고 난리였죠. 여하튼 충격적이었나 봐 요. 유지나 교수가 평한 글도 있어요. "어둠 속에 묻힌 우리 소리를 꺼내 빛의 길 속에 펼쳐본다. 그 길은 무형 문화재니 인간 문화재니 하는 이들의 공연

장이나 그들의 판을 들어주는 FM 채널 같은 음악적인 통로가 아니라 우리가
시각적인 매체라고 생각하는 화면 속에 뚫려 있다. 소리를 보여준다는 발상은
분명히 우리의 상식을 뒤엎는다."《마이니치 신문》서울 지국장인 일본인은
세계 음악 영화의 걸작 몇 편을 들면서 그 안에「서편제」를 끼워 넣기도 했어
요. (웃음) 그러면서 "이제는 한국인에게조차 난해한 것이 되어버린 판소리의
매력을 훌륭하게 현대에 살려냈다."라고 덧붙이기도 했지요. 심지어 "「서편
제」와 역동 정신 의학"하면서 의사들도 우리 소리에 관심을 가졌어요. 이처럼
우리 것에 대한 관심을 불러일으키게 한 측면뿐 아니라 영화 자체의 작품성도
높게 평가받았어요.

어린 송화와 동호가 유봉의 집 툇마루에서
「진도아리랑」을 배우고 있다.

이제 직접 편집된 영화를 보면서 이야기하지요.

「서편제」가 어떻게 소리를 보여주는지 또 소리를 보여주는 과정에서 소리꾼들의 삶과 어떻게 조화롭게 엮어지는지 얘기해 보죠. 이 장면(054쪽 사진 참조)은 유봉이라는 소리꾼이 잔칫집에서 어사 출두 대목을 부르는 장면입니다. 여기에서 판소리는 서양 음악처럼 청중과 따로 떨어져 연주되는 것이 아니라, 부르는 사람뿐 아니라 구경꾼들도 추임새를 해가면서 서로 한자리에 어울려 즐길 수 있는 소리라는 것을 보여주려고 했습니다. 그리고 유봉의 땀이 어린 얼굴 클로즈업은 판소리하는 게 얼마나 힘든지를 보여주기 위한 거지요. 이 클로즈업은 또한 후에 송화가 소리를 배우는 험난한 과정을 미리 알려주는 복선의 기능도 갖고 있습니다. 관객은 무심코 보겠지만 잠재적으로 이런 장면의 영향을 받고 나중에 나오는 송화의 득음 과정(059쪽 사진 참조)이 얼마나 힘겨운가를 절절히 느끼게 되는 것이죠.

연출을 지망하는 학생들을 위해 또 한 가지 짚고 넘어가죠. 대갓집에서 유봉이 소리하는 장면을 처음에는 온양 민속촌에서 약 칠팔십 명의 엑스트라를 동원해서 찍었는데 추임새도 안 되고 분위기도 잘 살지 않는 거예요. 그래서 찍은 필름을 모두 버리고 해남 사람들 100여 명을 막걸리를 한 잔 마시게 한 후 실제 소리 분위기 속으로 젖어들게 해서 다시 촬영했어요. 판소리가 일상화된 지역 사람과 그렇지 않은 사람들 간에 굉장한 차이가 있었던 겁니다. 아무리 엑스트라라 할지라도 이런 세세한 부분에도 신경을 써야 하는 사람이 바로 연출자입니다. 제작자는 속상했을 겁니다. 비용이 배로 들었으니까요. (웃음)

이 장면(057쪽 사진 참조)만 나오면 난 도망치고 싶은 심정이 돼요. 여러분, 왜인지 짐작할 수 있어요? 배우들의 옷을 보세요. 옷이 얼마나 깨끗한지 몰라요. 여기(유봉의 옷을 가리킨다) 다리미 자국까지 보여요. (웃음) 유봉은 홀아비란 말입니다. 빨래해 줄 사람이 없어요. 한 달에 한번 옷을 빨아 입으면 다행이겠죠. 그런데 이 다리미 자국까지 난 깨끗한 옷을 입고 노래 연습을 하고 있으니 사실감이 떨어지지요. 영화는 사실감이 바탕이 되어야 한다고 생각하는 나로서는 창피한 노릇이지요. (웃음)

그런데 여기에서 송화가 어린 남동생과 「진도아리랑」을 배우고 있지요. 여기서 다른 노래가 아닌 「진도아리랑」을 부르는 이유가 있어요. 나중에 유봉, 송

송화가 유봉의 집 툇마루에서
고된 소리 훈련을 받고 있다.

화, 그리고 동호가 길을 가면서 「진도아리랑」을 부르는 긴 장면이 나옵니다.(064-065쪽 사진 참조) 덩실덩실 어깨춤을 추면서 신명 나게 「진도아리랑」을 부르는 장면, 여러분도 기억나죠? 영화를 보다 보면 앞 장면들은 다 잊어버린다고 생각하지만 그렇지 않습니다. 여기 연기자들이 화면에 들어오고 노랫가락에 맞추어 어깨를 들썩이면 우선 눈에 비친 것, 노랫가락만 생각할 테지만 영화란 것이 그런 게 아닙니다. 이렇게 심어놓은 게 나중에 저 바닥 안에 은은하게 살아서 감흥을 주는 겁니다.

이 장면(063쪽 사진 참조)은 내가 자랑하고 싶어요. 자랑이라기보다는 영화의 내러티브를 이끌어가는 데 상당히 용의주도한 배열을 해냈다고 말하고 싶은데……. 이 「사랑가」는 뒤에 가설 극단 공연에서도 나옵니다. 이것은 그 남매가(사실 피를 나눈 형제가 아니지요.) 성인이 되면서 남녀간에 느끼는 미묘한 감정의 씨앗을 가슴 한 켠에 품게 된다는 것을 암시한 겁니다. 단순히 「사랑가」를 소개한 것이 아니에요. 이것이 바로 후에 누이인 송화를 찾아 헤매는 동호의 행동에 개연성을 부여하게 되는 거지요. 물론 동호가 찾는 대상이 누이일 수도 있고 고향일 수도 있어요. 그것은 여러분들이 느끼기에 따라 달라질 수 있지요. 여하튼 동호로 하여금 그런 대상을 향해서 찾아 헤매게 하는 힘, 그 힘이 이 장면에서 이미 예고된 것이죠.

아까 보았듯이 송화와 동호가 성인이 되고, 이성적으로도 애정을 느끼며, 동시에 질투 감정을 느끼는 것을 복합적으로 포함시켜서 「사랑가」라는 판소리에 담아내는 것은 정말 잘 매치가 되었습니다.

그런데 한 가지 들어가야 할 것이 빠진 게 있어요. 송화와 동호가 성인이 되기 전 어느 장터에선지, 가설 무대에선지 「성춘향전」 공연을 보는 거 있죠? (055쪽 사진 참조) 나는 이 둘의 관계를 잘 설명하려고 꽤 많은 분량을 찍었는데 편집할 때 다 잘라내고 아주 이상한 꼴로 붙였어요. 본래는 판소리란 것이 북잡이하고 소리꾼 단둘이 부르는 게 아니고, 창극으로서 이런 식으로 공연이 된다는 것을 보여주려 했었지요. 영화가 외국에 나갔을 때, 외국 사람들의 이해를 돕기 위해서 그렇게 찍어 넣었는데 결국 다 걷어내서 아쉽습니다. 또 판소리가 노래이면서 구비 문학이라는 점, 구구절절이 스토리가 있는 것을 노래한다는 점, 이런 점들을 아주 정교하게 표현하고 싶었는데 편집에서 이도 저도 아닌 것이 되었어요. (웃음)

지금 다시 보니까 생각나는데, 여기서 또 하나 표현하고 싶었던 것이 있었어요. 「춘향전」 가설 무대에서 사실 꽤 많이 찍었는데, 춘향이 곤장을 맞으면서 하나 세고 둘 세고, 일일이 한 대 맞을 때마다 춘향이 보여주는 여자의 지조라고 할지 절개라고 할지……. (학생들, "독기요!") 하긴 독기도 될 수 있지만 (웃음) 조선 말에는 여자의 지조, 아니, 지조는 선비가 하는 거고 절개라고 하는 게 나을까? (웃음) 아무튼 이런 것을 담아서, "아, 「춘향전」이라는 이야기의 구조가 대충 이렇구나." 하고 관객이 느끼도록 담아보려고 했는데 하여튼 이 부분은 실패한 셈입니다.

그리고 영화 중에는 친구들이 술집에서 유봉과 술을 마시다가 싸움이 벌어지는 장면이 있습니다. 기억들 하실지 모르겠는데, 여기에서 잘못된 부분이 있어요. 여러분은 이상한 점을 발견하지 못했어요? 유봉이 술자리에서 싸우고 일어나는 장면에서 말입니다. 유봉의 시선이 이미지 라인을 넘어갔어요. 그것이 관객을 일시적으로 어리둥절하게 만들지요. 우리가 이미지 라인을 모르고 넘어갔던 것은 아닙니다. 단지 현장에서 일에 몰려 정신없이 찍다 보니 실수한 것이죠.

여기서는 과거 유봉의 친구들이 유봉을 무시하는 분위기 말고도, 유봉이 과거 좋아했던 여자에 대한 정보, 그리고 이 사람들의 무례함이나 과거 유봉에 대한 질투를 담아보려고 했습니다. 이런 장면을 보고 그렇게 생각할 관객이 어디 있겠냐라고 반문할지도 모르지만 영화는 모두 연결된 것입니다. 이런 장면이 뒤에 가면 이야기를 푸는 데 굉장히 큰 힘으로 작용합니다.

그런데 송화와 동호가 약을 팔기 위해 소리를 하는 장면(061쪽 사진 참조)에서는 내가 아주 어색한 연출을 했어요. 이 부분에서 고수인 동호가 박자를 놓치고 있어

요. 바로 그 점을 설명하는 장면을 연출로 잡아내야 하는데 쓸데없이 구경하는 사람들만 강조하고 정작 그 점은 얼버무리고 넘어가고 말았죠. 유봉이 주막에 있다가 동호가 박자를 놓치고 있음을 알게 되죠. 유봉이 쳐다보는 것으로 처리 했는데 나중에 생각해 보니 이걸 더 잘 살려내는 방법이 있었는데 그 당시에는 생각하지 못한 것이죠. 쳐다볼 필요도 없이 술 먹으면서 박자를 손으로 맞추고 그 박자와 북소리를 어긋나게 했으면 간단히 해결될 문제였거든요. 그래서 감독이 영화를 만들고 난 후 다시 찍고 싶을 때가 한두 번이 아니지요. (웃음)

내가 「타이타닉」 이야기를 했나요? 제임스 카메론James Cameron 감독이 그 영화를 위해 쿠바의 한 장소에 오픈 세트를 지었답니다. 처음에는 1억 불 예산을 책정했는데 촬영을 마친 다음에는 2억 8천 불이나 들어가 제작자를 놀라게 했다고 하지요. 그런데 제작자가 막대한 비용을 들여서 만든 세트를 촬영하자마자 폭파시키라고 요구한 겁니다. 영화 시사 후에 맘에 들지 않는 부분이 있으

악을 팔기 위해 동호의 북장단에
맞춰 송화가 소리를 하고 있다.

면 감독이 재촬영에 들어가고 싶은 마음이 생겼을 테니까요. 완벽한 영화가 될 때까지 계속 찍고 싶은 것이 감독 모두의 바람이지요.

이 장면(064-065쪽 사진 참조)에서 내가 담고 싶은 것이 굉장히 많았어요. 내가 너무 욕심을 내서 제대로 잘 나타냈는지는 지금도 의심스러워요. 대부분 사람들이 잘되었다고 하니 그 정도로라도 만족해야겠죠. 이 장면은 롱 테이크로 5분 4초 정도 걸려 찍었어요. 만약 이 길이 서양의 잘 다듬어진 고속 도로처럼 쭉 뻗은 곧은 길이라면 내가 표현해 내고자 한 인생길의 의미가 잘 살아나지 못했을 겁니다. 보통 우리는 인생살이를 '길'에 비유하지요. 길은 때로는 곧지만 구불거리고 거칠기 마련입니다. 난 우리의 굽이진 산길을 통해 인생의 역정을 나타내고 싶었습니다. 그 길과 어우러진 노랫가락을 들으면서 '어쩌면 저 길이 내가 살아온 혹은 살아갈 인생길이 아닐까?' 하는 느낌을 관객들과 공유하기를 바랐지요.

여기서 미장센이 살아나는데, 길 한복판에 나무가 떡 버티고 있을 때 그걸 잘 잘라내는 것이 이 커트를 위해서는 미장센이 되는 것이죠.

여하튼 내용상으로 이 장면은 유봉 일가가 생계 수단을 잃고 떠나는 장면입니다. 전 장면에서 보면 술에 취한 유봉이 여관 방에서 북 장단 문제로 동호를 야단치고 소란을 피워 약장수 패에게 쫓겨나잖아요. 그들은 앞으로 살길이 막막하고 동호와 유봉 사이의 불화도 있지만, 「진도아리랑」을 부르면서 차츰 흥이 나고 신명이 나게 됩니다. 그 순간만큼은 암담한 현실을 잊을 수 있는 것이죠. 이 순간이 그들에게 미래를 보장해 주지는 않아요. 여전히 현실은 어둡지요. 내가 여기에서 보여주고자 한 것은 노래를 부르며 흥에 겨워하는 이들의 모습 속에 투영된 한국인들의 모습이죠. 암담하고 열악한 삶이지만 신명 나는 노랫가락을 통해 에너지를 축적하며 그 삶을 견뎌내고 이겨내고자 하는 모습을 상징적으로 나타내려는 의도였습니다. 난 이것이 한국적인 것이라고 생각해요.

여러분 여기(064쪽 사진 아래 부분) 잘 보세요. 지금 이 부분에서 회오리바람이 약간 일고 있지요. 「서편제」는 귀신들이 도와주었다고들 하는데 이 컷이 그중 하나입니다. 이걸 촬영하면서 흙먼지 바람이 불어주었으면 좋겠다고 속으로 생각했어요. 회오리바람을 인위적으로 만든다는 게 쉬운 일은 아니거든요. 그런데 하루 종일 없던 회오리바람이 이 부분을 촬영할 때 불었어요. 신기하지요? 그

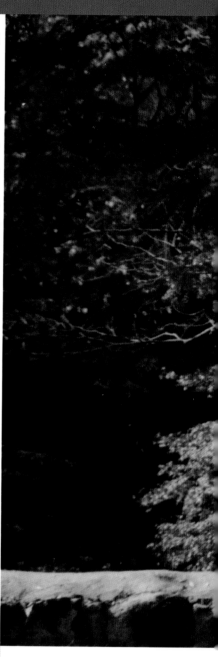

「춘향가」중 「사랑가」를 부르고 있다.

래서 소리 귀신들이 이 영화를 도와주었다고 말하는 사람도 있어요.

그리고 이것(유봉의 아편쟁이 친구가 「귀곡성」을 부르는 장면)은 소리의 맛을 잘 드러낸 부분입니다. 아편쟁이가 되어 낙향한 친구에게 「옥중가」를 배우기 위해 유봉이 그를 찾아가죠. 그 친구가 「옥중가」 중에서도 「귀곡성」을 부르는 부분이 있어요. 판소리의 몰락을 아편쟁이인 친구를 통해 간접적으로 암시하고

유봉, 송화, 동호가 「진도아리랑」을 부르며
구불구불한 고갯길을 걸어 내려오고 있다.
도중에 작은 회오리바람이 분다.

있는 겁니다. 더불어 소리꾼들이 얼마나 가난하게 사는지를 「귀곡성」 맛을 살리면서 그 가락을 통해 함께 드러낸 것이죠. 비교적 잘 찍힌 장면입니다.

여러분, 이 부분을 보세요. 아편에 찌든 친구가 부인에게 가려 잘 보이지 않죠? 이런 배치는 의도적인 겁니다. 남편의 추한 모습을 가리고 싶은 부인의 심정을 나타내는 거지요.

여기(067쪽 사진 참조)에도 귀신이 도왔다고 우스갯소리를 하는 부분이 있어요. 대체로 「서편제」는 미리 찍을 장소를 선정하고 촬영 스케줄에 따라 찍었어요. 그러나 때로는 떠돌아다니는 소리꾼들처럼 적당한 장소가 있으면 그때그때 상황을 보며 찍은 부분도 있습니다. 여러분들은 그런 식으로 무계획하게 영화를 찍으면 안 됩니다. 그러면 감독 그만두라는 소리 들어요. (웃음) 여하튼 힘겨운 삶을 살아가는 유봉 일가가 거처할 마땅한 장소를 찾아야 하는데 물색하기 어려운 겁니다. 막막하게 돌아다니다가 바로 이 폐가를 발견한 거지요. 이 장소를 찾은 후 「귀곡성」도 생각해 냈어요. 산발한 귀신이 나올 듯한 으스스한 장면이 있지요. 그 장면을 찍을 때도, 바람이 불어서 나뭇가지들을 흔들어주면 이 느낌이 살 텐데 하고 생각했어요. 그런데 놀랍게도 바람이 제때 불어 그 분위기를 살려준 겁니다. (웃음)

여기가 「귀곡성」이라는 판소리가 가진 맛이 잘 살아나 있는 장면입니다. 그리고 송화의 클로즈업은 소리하는 게 얼마나 힘든가를 보여주고 있지요. 배우의 연기 덕분에 잘되었어요. 판소리를 배울 때 목에서 피를 토하고 똥물도 마신다는 얘기를 아마 여러분들도 들어본 적이 있을 겁니다. 바로 그런 지독한 고통을 표현한 것이죠.

이것(고목 아래에서 송화가 떠나는 동호를 배웅하는 장면)은 합성한 장면입니다. 고목은 고창에서 찍었고, 이 황톳길은 부안에서 찍은 것이죠. 어떤 이들은 황토색이 '한'을 나타내는 색이라고도 하더군요. 그런데 옥에 티가 있어요. 이 길을 사람들이 지나다닌 길처럼 만든다고 스태프들을 시켜 몇 번 돌아다니게 했어요. 그런데 여기저기 정해진 길 없이 다니는 시골길의 느낌을 주려고 한 것이 오히려 잘 정돈된 길을 만들어버렸던 거지요. 그때 아무리 촬영 시간에 쫓기더라도 다시 촬영하고 넘어갔어야 하는데……. 이런 장면은 볼 때마다 괴로워요.

폐가 안에서 유봉이 송화에게 「춘향가」 중
「귀곡성」을 가르치고 있다.

이 초가(053쪽 사진 참조)는 심청이 남루한 옷을 걸치고 밥 빌러 가는 내용의 소리를 배경 이미지와 조화시킨 부분입니다. 지붕이 다 꺼져 내려가는 초가가 주는 빈한함과 옹색함이 심청이의 가난한 처지와 잘 맞아떨어졌어요. 그런데 한 가지 잘못된 곳이 있어요. 그 초가의 할머니를 보세요. 나는 될 수 있으면 늙고 여윈 아주 초라한 할머니였으면 했어요. 불행히도 그런 할머니를 구할 수 없었어요. 이 풍채 좋은 할머니를 볼 때마다 미워요. (웃음) 더군다나 옷을 보세요. 너무 새 옷처럼 보이지요.

이 판소리는 「사철가」인데 소리를 영상으로 담는 데 실패한 부분(069쪽 사진 참조)입니다. 봄, 여름, 가을, 겨울이 바뀌어 가는 가사대로 계절의 특성을 영상에 담아냈다면 잘 되었을 장면인데 아쉬워요. 노래 중에 "월백, 설백, 천지백하니 모두가 백발이구나."라는 대목이 있어요. 그런데 우리는 스티로폼을 날려 눈처럼 보이게 해서 찍었지만 가사가 가진 맛이 잘 살아나지 않지요. 만약 여러분이 이런 식으로 졸업 작품을 제출한다면 나는 30점도 안 줘요. (웃음)

사실 "이 산 저 산 꽃이 피니" 하는 대목만이라도 다시 찍어 보자고 해서, 개봉 후 얼마 되지 않아 소백산에 철쭉이 보기 좋다는 소리를 듣고 한 사오십 명 되는 스태프들이 장비를 둘러메고 힘겹게 산을 탔어요. 안내하는 사람이 잘못해서 죽을 뻔하기도 했어요. (웃음) 막상 도착하고 보니 철쭉꽃은 거의 지고 머릿속에 그리던 풍경도 아닌 겁니다. 결국 고생한 보람 없이 되돌아왔지요.

이 장면(068쪽 오른쪽 사진 참조)은 쓸데없는 대사로 리얼리티를 떨어뜨린 부분입니다. 전쟁 통에 주인이 죽었는데 살림살이가 좀 남았다는 대사였어요. 살림살이가 남을 리 없지요. (웃음) 전쟁 통에 누가 가져가도 벌써 가지고 갔지 남아날 리 없어요. 솥이고 뭐고 요 만한 쇠붙이조차 다 가지고 가서

엿 바꿔 먹던 시대인데요. 나도 그 시대에 살았던 사람인데 말입니다. 거짓말이 따로 없어요.

송화가 입은 스웨터(068쪽 사진 참조)를 보세요. 여러분은 이상하다고 생각하지 않으세요? 보는 사람들마다 그 시대에 이런 옷이 어디 있었느냐고 한마디 합니다. 물론 그 시대에도 부유한 집안에서는 입을 수 있는 옷입니다. 그러나 잘못된 것은 그 옷을 입은 사람이 송화라는 거지요. 연출자가 얼마나 많은 부분에 세세한 신경을 써야 하는가 보여주는 부분이지요.

이 라스트 장면(069쪽 사진 참조)은 애초에 심청이 눈뜨는 대목까지 찍어가지고 그 나머지는 노래로 안 부르고 음악으로만 처리해서 그냥 소리 자체로 클라이맥스로 만들어보려고 했는데, 해놓고 보니까 아무도 감동을 받지 않아서 한 2개월 후에 다시 찍어 넣어가지고 뒤에 무성으로 처리했어요. 대부분의 사람들은 남매가 해후한 후 동생의 북장단에 맞춰 송화가 「심청가」를 부르는 장면에서 굉장히 감동을 받았다고 합니다. 여기 판소리 대목은 황후라는 신분이 되고서도 아직도 장님인 심봉사가 눈뜨기만을 기도하는 심청이의 심정을 나타내는데 이것이 사람의 심금을 자극하는 겁니다. 송화 자신이 장님이면서 아버지는 아직도 눈을 못 뜨고 있느냐 하는 대목을 목놓아 외치고 있으니 말입니다. 「심청가」의 이야기도 절절하게 와 닿지만 특히 자신이 장님이면서 남보고 눈 못 뜬

송화가 흰 스웨터를 입고 눈 덮인 산을 보며 소리 연습을 하고 있다.

다고 소리를 지르는 송화의 심정이 관객에게 전달되는 것이죠. 그리고 무성 처리는, 소리만으로는 극적 구조가 느슨해지는 감이 있어서 사용했어요. 이 대목은 여러분도 느꼈겠지만 명창 안숙선 씨의 소리입니다. 그전까지는 오정해 양이 모두 해냈어요. 그러나 이 부분은 이미 어느 정도 경지에 오른 송화의 소리를 나타내야 합니다. 그래서 안숙선이라는 당대의 명창 소리를 빌렸지요. 판소리뿐 아니라 대사도 성우 목소리로 대신한 겁니다.

나도 사실 판소리에 대해서 잘 몰라요. 귀명창이란 말 들어본 적이 있나요? 그들은 노래가 가진 깊이와 기교를 알 수 있다고 합니다. 많이 듣고 많이 숙련해야 그 경지에 오를 수 있는 것이지요. 만약 내가 귀명창이 될 정도로 판소리에 깊이 빠진 사람이라면 다른 방식으로 「서편제」를 연출했을 겁니다. 소리의 더 깊은 맛을 살려냈을 겁니다. 그러나 오히려 내가 초심자 입장이었기에 판소리를 처음 접하는 사람들도 편히 알기 쉽게 볼 수 있도록 연출하지 않았나 생각됩니다.

얼마 전 「서편제」를 세 번이나 본 주부 관객과 얘기를 나눈 적이 있습니다. 처음 영화를 관람할 때는 오정해 양의 소리와 안숙선 씨의 소리를 구분할 수 없었는데 세번째 볼 때 비로소 확실히 다른 소리임을 알게 되었다고 하더군요. 영화가 판소리를 가르쳤다는 얘기가 될 수 있겠지요. 그런 점에서 내가 애초에

유봉과 눈먼 송화가 사시사철
떠돌아 다니고 있다.

소리를 영상으로 표현하고자 한 목적이 달성되었다고 보아도 괜찮겠지요?
(웃음)

여러분 저기 오는 버스(영화의 마지막 부분에서 동호가 타고 가는 버스)를 보세요. 지금 이 영화의 시간적 배경은 1960년대인데 버스는 그 당시의 버스가 아니죠. 저건 요즘 다니는 버스 아닙니까? 당시 버스를 구하기가 어려워 사용하기는 했지만 여하튼 감독하기가 이렇게 힘들어요. (웃음) 사실 우리나라 영화 작업에 참여하는 스태프들이 더 세분화되고 전문화되어야 합니다. 아직 개선되어야 할 부분이 많지요. 바로 여러분들이 할 일입니다.

그리고 연출상의 문제점 하나를 언급하자면, 동호가 한약방에서 집에 두번째 전화하는 장면이 있어요. 그때 동호 뒤로 한약방 주인이 걸어가 약재를 저울에 올려 무게를 잽니다. 사실 그 행동이 굉장히 빠르게 진행돼야 하는데 그게 되지 않으니 리얼리티가 제대로 살지 않았지요.

여기(072쪽 사진 참조) 딸린 구음은 무속에서 쓰는 시나위입니다. 지금은 고인이 되신 김소희 씨의 구음이지요. 이 부분에서 어린 소녀에 대해 많은 이들이 의문을 가집니다. 그래서 이 아이가 송화의 딸인지 누구인지 많이 물어요. 나는 그것이 중요하다고 생각하지 않아요. 송화의 딸이면 어떻고 아니면 어떻습니까? 송화가 같이 살 붙이고 산 사람도 떠돌다 만난 주막집 주인이었어요. 하물며 다시 새로운 곳을 향해 떠나는 눈먼 송화를 혼자 가게 하는 것보다는 아이라도 함께 손잡고 보내는 게 세상의 인정 아니겠어요. 아이는 이런 상징성을 띠고 있지요. 그리고 아이가 입은 옷 색깔을 보세요. 의미 있는 색입니다. 죽음을 상징하는 겨울이 시간적 배경이고 죽은 원혼을 달래는 시나위가 배경 음악입니다. 그 안에 아이의 붉은 옷은 강렬하게 와 닿지요. 생명력을 암시하는 겁니다. 특히 판소리가 살아남을 수 있는 씨앗을 그 아이가 품고 있고 바로 그 씨앗이 성장해 갈 것임을 나타내는 거지요.

유지나…	감독님, 그런 상징성을 띤 인물을 여자 아이로 설정한 특별한 의도가 있습니까?
임권택…	남자 아이라도 상관없었어요. 그런데 요즘은 판소리 명창 중에 여자들도 많지 않나요? 그래서 여자 아이로 한 것이죠.

또 지적되는 부분은 유봉이 고의로 딸을 눈멀게 하는 장면입니다. 아무리 득음

송화가 염전 주막 방안에서 자신을 찾아온
동호의 북장단에 맞춰 소리를 하고 있다.

의 세계로 딸을 이끌려 한다고 하지만 아비가 딸을 장님으로 만드는 건 너무 작
위적이라는 거죠. 물론 이 지적이 당연하다고 생각합니다. 난 처음부터 그런
문제가 있을 거라는 걸 알고 있었어요. 그 문제를 극복하려고 애쓰면서 찍어냈
는데도 여전히 문제로 남게 된 거지요. 소리꾼인 유봉에게는 도달해야 할 최상
의 세계가 득음의 세계입니다. 그러나 자신은 이미 실패한 거지요. 그걸 송화
를 통해서 이루고자 한 겁니다. 자신이라면 그 세계에 도달하기 위해서 신체
일부에 상처가 난다고 해도 대수로운 일이 아니었겠지요. 소리 외에는 아무것
도 보이지 않는 인물로 형상화하기 위해 나름대로 애쓴 부분이 있어요. 닭을
훔쳐 송화에게 먹이고 그 닭 주인에게 몰매를 맞아가면서도 주인 목청 좋다고
허허 웃어대는 장면 기억나지요? 또 동호에게 한 "부귀보다 황금보다 더 좋은
것이 소리 속 판"이라는 대사가 생각날 겁니다. 그런데 그것만으로는 극적 개

엄전 주막을 떠난 송화가 어린 여자 아이를
데리고 갈대밭 속을 걸어가고 있다.

연성을 이끌어내기가 어려웠던 거지요. 외면한 부분도 없지 않아 있어요. 이야기 전달에 몰두하다 보면 처음부터 일관되게 소리를 영상으로 표현해서 관객들을 몰입시키고자 한 의도가 무너질 염려가 있었기 때문이지요. 그렇다고 할지라도 유봉 자신이 삶의 최고 가치라고 여기는 득음의 세계를 얼마나 바라는지를 드러냈어야 하는데 실패한 셈이지요. 만약 눈을 멀게 한 것이 한을 심어주어 득음의 세계에 도달하게 하기 위한 방편이라는 것 말고 거기에 다른 측면을 부여했더라면 그 장면이 훨씬 설득력 있을 수도 있었어요. 다시 말하면 동호가 떠나버린 상황에서 유봉이 믿고 의지할 사람은 딸인 송화뿐이지요. 그러나 이성에 눈을 뜨면 언제 아비 곁을 떠나버릴지 모르는 여자입니다. 그 딸이 떠나게 될 경우 느끼게 될 고독이나 상실감을 유봉도 느낄 것이라는 암시를 곳곳에 더 많이 심어놓았다면 이 부분이 너무 잔인하다거나 작위적이라고 쉽게 말하지는 못했을 겁니다. 이 영화는 그런 부분들이 더 보완되어야 하는 미완성의 작품이라고 생각합니다. ■

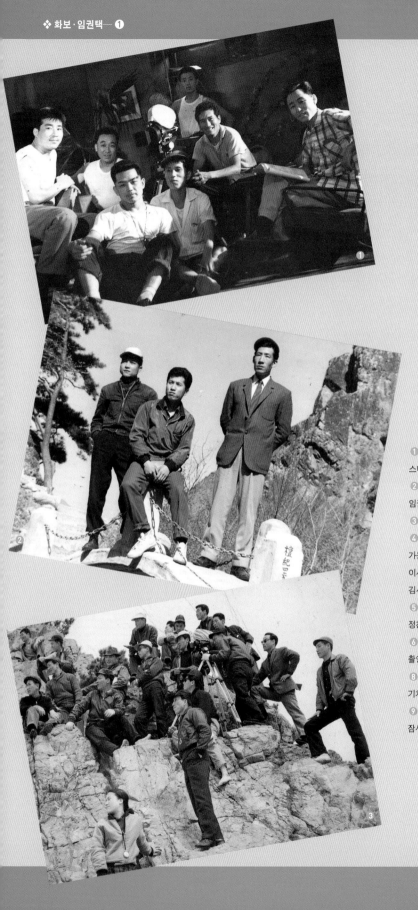

❶ ——「사랑이 가기 전에」(1959),
스태프 시절 돌체 음악 감상실에서.
❷ ——「노다지」(1961), 소요산 로케이션 현장.
임권택 감독은 조감독으로 활동.
❸ ——「노다지」 부산 다대포 현장에서.
❹ ——「밤마다 꿈마다」(1959), 연출부 시절.
가운데 열 왼쪽 첫 번째가 도금봉, 그 오른쪽이
이사라, 맨 아래 열 왼쪽부터 서석주 감독,
김시현, 임권택 감독.
❺ ——「사랑이 가기 전에」 촬영 현장.
정창화 감독 휘하에서 후반 촬영 담당.
❻ ——「햇빛 쏟아지는 벌판」(1960),
촬영 현장에서.
❽ ——「사랑이 가기 전에」
기차역 장면 촬영 현장에서.
❾ ——「사랑이 가기 전에」 촬영 현장에서
잠시 휴식중인 모습.

劇映画 밤마다·꿈마다 東新映画社

❶──「두만강아 잘 있거라」(1962, 이하 같은 영화),
강원도 대관령의 옛 스키장에서의 촬영 모습.
임권택 감독 데뷔작.
❷──같은 촬영장에서. 엑스트라들과의 거리가 너무
멀어 총성으로 신호했다. 오른쪽 총을 치켜들고 있는
이가 임권택 감독.
❸──세트장에서. 뒷줄 오른쪽에서
세 번째가 임권택 감독.
❹──스태프, 배우들과 함께.
❺──윗줄에서 세 번째 총을 들고 서 있는 이가
주연 박노식, 아래 왼쪽에서 두 번째가 주연 장혁.
❻──군복 차림 배우들과 촬영장에서.

⑦──왼쪽이 임권택 감독. 오른쪽은 조감독 정진우.

⑧──당시에는 총격전 효과를 낼 때 소형 폭약 대신 명사수가 실탄을 배우들의 발뒤꿈치 쪽에 쐈다. 오른쪽이 그 일을 하던 치안국 소속 경찰.

⑨──아역 배우와 함께.

⑩ ⑪──촬영장 모습. 임권택 감독은 이 영화의 흥행 성공으로 다른 영화를 감독할 기회를 얻게 된다.

⑫──임권택 감독이 배우들보다 먼저 차가운 강물에 들어갔다.

❶──「망부석」(1963), 촬영장에서
스태프들과 함께. 이하 같은 영화 촬영 장면.

❷──스태프들과 식사하는 모습.

❸──종묘 밖 촬영 현장.

④——「전쟁과 노인」(1963),
촬영장에서. 이하 같은 영화 촬영 장면.
⑤——오른쪽 아래 카메라를
잡고 있는 이가 장석준 촬영 기사.
⑥——촬영 현장.
⑦——부산 송도 로케이션 중의 한때.

①——「신문고」 1967, 촬영 현장.
오른쪽 위 밀짚모자를 쓴 이가
임권택 감독.
②——「단장록」 1964, 촬영 현장.
③——「단장록」 스태프들과.
왼쪽부터 임권택 감독, 장석준
촬영 기사, 박문수 조감독.
④——「단장록」 맨 오른쪽이
주연 신영균.

⑤――「신문고」(1967), 오픈
세트에서 스태프와 함께 기념
촬영. 맨 아래 왼쪽에서 두
번째가 눈물의 여왕이라는
별명을 가지고 있던 여배우
고전옥, 네 번째가 이경희.
⑥――「단골지각생」(1964),
창덕궁 앞에서.
⑦――「단골지각생」촬영 장면.
⑧――「단골지각생」촬영을
마치고 창덕궁에서.
⑨――「왕과 상노」(1965),
경복궁 로케이션 현장.
⑩――「단장록」촬영 현장.
왼쪽에서 세 번째 삿갓 쓴
배우가 신영균.

❶——「닐니리」 1967, 촬영 현장. 이 영화는
「은장도」라는 제목으로 기획되었다가
개봉시에 「닐니리」로 바뀌었다.
❷——「닐니리」 스태프들과 휴식 중인 모습.
❸——「닐니리」 스태프, 배우들과 함께.
❹——「청사초롱」 1967, 촬영 현장.
❺ ❻——「풍운의 검객」 1967,
북한산성에서의 촬영 현장.
❼ ❽——「청사초롱」 촬영 현장.
❾——「청사초롱」 촬영 전 고사를
지내고 있다.

❶ ❷ ❸ ──「망향천리」(1967),
야외 촬영 현장. 이하 같은 영화 촬영 현장.
❹ ──실내 세트장에서의 촬영 모습.
❺ ──소령원에서 스태프, 배우들과 함께.

⑥──철원 고석정에서.
⑦──실내 세트장에서.
⑧──고석정에서의 한때.

삶의 지혜와 사랑을 담은
동화와 현실의 오버랩

유지나… 오늘은 여러분들이 지난번 영상자료원에서 함께 본 「축제」에 대한 이야기를 감독님께 듣도록 하지요. 감독님께서는 이청준 작가와는 상당히 많이 통하셨던 것 같아요. 다른 원작자들과 달리 이청준 작가와는 예술가로서 정신적인 쌍생아라는 공감대까지 가지시지 않았나 하는 생각이 들었습니다. 저는 옆에서 잠깐 엿보기만 했는데 두 분이 영화를 찍으면서 동시에 소설과 동화를 쓰는, "공동 작업을 하자."라는 실험적 계획을 한 것만으로도 이례적이죠.

임권택… 이청준 씨는 「서편제」를 찍을 때 온양 민속촌에서 찍은 것을 쓸 수 없어서 다 버리고 다시 해남에서 찍었다는 얘기를 듣고, 지역의 정서 같은 것이 상당히 중요했다고 느꼈던 것 같아요. 이청준 씨에게도 그렇고 내게도 호남 지역 쪽 사람들끼리 갖는 정서적 느낌에서 오는 공감의 차원, 그런 것이 상당히 작용했던 것 같고, 「축제」를 하게 된 것도 그런 이유에서지요. 「축제」에 대해서 궁금한 것이 있으면 여러분이 먼저 이야기를 시작해 보세요.

「축제」(1995), 치매를 앓다 죽은 할머니의 장례에서
만난 가족들이 할머니가 남긴 큰 사랑과 지혜를 통해
화해하는 과정을 담아냈다.

학생 1···　영화를 보면 고기잡이배에서 유교와 제사 의식에 관해 낚시꾼들이 이야기를 나누는 장면이 있는데 그것이 다소 설명적이었다고 생각되는데요. 그런 직접적인 진술이 아니라 주변 인물을 통해서 간접적으로 은근하게 나타낼 수도 있었는데 왜 그런 식으로 연출하셨는지 궁금합니다.

학생 2···　저는 지난번에 말씀하신 「서편제」에서 앞 사람이 질문한 것과 같은 느낌을 받아서, 그것에 대해 질문하고 싶은데요. 맨 마지막 부분 중 오누이 상봉 이후의 장면을 감독님께서 마음에 드는 부분이라고 하셨거든요. 그런데 헤어질 때 송화가 대사를 통해 다시 한번 직접적인 설명을 하잖아요. 그 부분에서 왜 그렇게 덧붙이셨는지 궁금합니다.

임권택···　「서편제」에 대해서 먼저 말하면 이렇게 봐야 될 거예요. 우리 영화는 미국과 달리 뒤풀이가 있는 문화를 갖고 있지요. 「서편제」의 그 부분도 뒤풀이 같은 것으로 봐야 할 겁니다. 지금 학생의 질문처럼 그전에 문화부 장관인가 하는 분도 그런 말을 했어요. 그러나 만약 누이와 남편이 나누는 대사가 없었다면 「서편제」란 영화에 여운이 있었을까? 아마도 급냉동된 것처럼 느꼈을 수도 있었을 거예요. 여운이 살아서 길게 나아가지 않고 끊길 것 같아서 그렇게 찍었고 그 방식을 지지해 준 사람이 많이 있습니다. 나도 뒤풀이라는 점에서 마음에 들었어요. 「축제」의 고기잡이배에 대한 부분도 역시 많이 듣는 질문인데 같은 맥락에서 이해해 보면 되겠지요.

학생 3···　마지막에 가족 사진을 찍는 장면에서 용순이하고 가족들 간에 화해가 이루어지는데요, 그 부분에 대해 여쭤보고 싶습니다. 그때 제일 사이가 안 좋았던 배다른 둘째 언니가 용순이에게 화해의 포즈를 취하잖아요. 그전에 사이가 너무 안 좋았는데 너무 쉽게 풀리는 게 아닌가 하는 의혹이 남습니다.

임권택···　설명을 들어야 비로소 이해가 되는 식으로 영화를 찍어서는 안 되겠지요. 여러분 질문을 들으니 마치 내가 그런 영화를 찍은 것 같습니다. 허나 이 부분은 「축제」라는 영화를 왜 만들게 되었는가라는 전반적인 배경을 설명해야 이 모든 요소들이 서로 연결되어 이해될 수 있을 것 같습니다. 여러분들도 아마 지나가다 누구한테 무슨 말을 듣고 그걸 영화

할머니의 상여가 나가는 장면과 그 촬영 현장.

로 해야겠다고 느낀 적이 있을 거예요. 그 당시에는 어떤 소재를 만나서 이걸 영화로 해야겠다고 생각하게 되는 것이 느닷없는 사건처럼 보이지만 결코 그런 것이 아닙니다. 왜냐하면 그 소재에 관해서 본인은 많은 정보라고 할까, 아니면 깊은 관심이라고 할까, 그런 것을 이미 가지고 있었던 거지요. 그렇지 않고 어느 날 갑자기 생면부지의 어떤 소재를 만나서 이야기가 기발하다는 단순한 이유로 영화를 하는 일은 많지 않으리라고 생각합니다. 그런 단순한 이유로 영화를 만들면 백 번 만들어도 다 망해요. 왜냐하면 영화에 담아야 하는 것은 우리 삶에서 상당히 큰 관심거리가 되는 문제이기 때문에, 오랫동안 깊이 생각하지 않고 단지 반짝이는 아이디어만 있는 영화는 생명력이 길 수 없다는 것을 말씀드리고 싶습니다. 「축제」는 영화와 소설 작업을 동시에 시작했어요. 「서편제」가 끝나고 얼마 후 이청준 작가를 만났는데 노모의 장례식을 치렀다는 말을 하는 거예요. 노모의 치매로 인해 가족들이 상당히 괴로웠던가 봅니다. 우리 어머니도 연세가

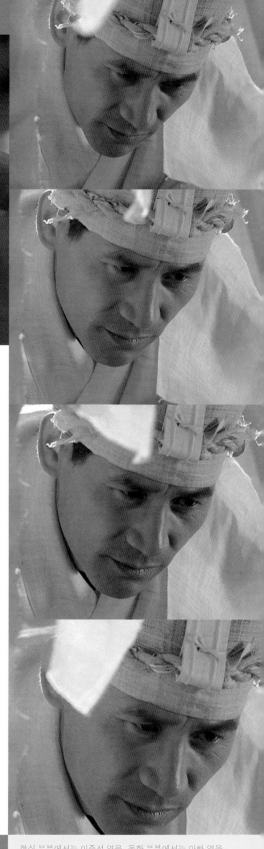

여든일곱이신데 치매 초기를 앓고 계세요. 같은 처지의 노모를 모신다는 점, 또 효도하고 싶은 심정은 있으나 현실적으로 힘든 점에서 서로 공감이 되더군요. 그러면서 「축제」라는 영화를 생각했지요. 이청준 씨의 경우, 영화에서처럼 형수가 노모를 모시고 있었어요. 이청준 씨가 생활비를 대기는 했지만 그게 전부는 아니었던가 봐요. 노모에 대해 늘 죄스런 마음을 가졌다고나 할까? 아들로서 효도하지 못했다는 죄책감에서, 영화에서 본 『할미꽃은 봄을 세는 술래란다』라는 동화(094쪽 사진 참조)를 쓴 거지요. 영화 속에 담긴 동화의 내용 자체로 보면 그 아들은 엄청난 효자란 말이에요. 그러나 실제로는 그게 안 되니까 동화 속 인물로 등장하는 거지요. 결국은 내가 어머니에 대해 불효한다는 죄책감을 영화로 담아야겠다는 생각이 이청준 작가가 이 동화를 쓴 동기와 유사하지 않을까 생각됩니다. 실제 생활 속에서 효가 사라져가는 게 안타까워서 어떻게 다시 효가 중요한 자리 매김을 하게 될 것인가를 곰곰이 생각했어요.

조선 시대처럼 강요된 효를 할 순 없겠지요. 우리 사회가 정

현실 부분에서는 이준섭 역을, 동화 부분에서는 아빠 역을 한 안성기. 이 영화로 1996년 영화평론가 협회 선정 제16회 〈영평상〉 남자 연기상을 수상했다.

보화, 핵가족화, 개인화로 인해 개인 중심으로 고립되어 가는데 결국 인간과 인간 간의 깊은 사랑으로 유대를 맺기 위해서 효라는 끈을 살려낼 수밖에 없어요. 효도를 받고 싶은 사람이 자식들로부터 존경심을 받을 만큼 잘 건강하게 살아냈을 때 후대를 살아가는 사람들이 선대에 대해서 존경심을 가지고 따라가는 마음이 생기지요. 그때 효가 생기는 거지, 혈연 관계만 가지고 효를 기대하기는 어려운 시대입니다. 이것을 영화로 찍어보고 싶었어요. 나는 현장에서 영화를 찍고 이청준 작가는 소설을 쓰는 방식이었지요. 사전 준비 작업을 철저히 해두고 시작하는 방식과는 달랐어요. 그래서 연기자나 스태프들이 애를 먹었을 겁니다. 전남 장흥 남포에서 촬영을 했어요. 거의 매일 제사를 치르듯이 촬영을 했는데 연기자들이 곤욕을 치른 적도 많았을 겁니다. 하여튼 오늘 찍고 그 다음 것을 어떻게 할 것이냐를 놓고 시나리오 작가, 이청준 씨, 나 이렇게 셋에서 모여 매일 틀을 정하고 그 다음에 해야 될 장면과 대사를 찾아내는 방식으로 해나간 영화예요.

이 영화의 장례식 장면은 다큐멘터리 형식으로 찍으려고 마음먹었어요. 실제로 우리가 어떤 장례식을 치러내고 있는가를 꼭 영화에 담고 싶었던 것이 내 생각이었는데……. 여러분들이 영화를 보고 있으면 알겠지만 우리 장례식 절차는 무속적인 것, 불교적인 것, 도교적인 것, 유교적인 것이 전부 뒤섞여서 일관성이 없어요. 사람이 죽은 후 지붕 위에서 혼을 불러내는 의식이 있는데 이것은 혼이 그 시체로 돌아와서 살아나기를 염원한다는 뜻이 담긴 절차예요. 그런데 다른 의식도 있지요. 예를 들어, 시신이 나갈 때 그릇을 깨뜨리는 것은 다시는 혼이 집 안에 들어오지 못하도록 하는 것인데……. 여러분들이 생각해 보면 모순되는 절차임을 알겠지요? 전혀 조리도 논리도 없어요. 무조건 좋다는 것은 다 한 겁니다. 그래서 설명 자막을 붙여가면서 우리 장례의 절차나 습성이 조리도 논리도 없는 것이라고 선명하게 설명하려고 했는데 생각만큼 잘 안 됐어요. 사람이 죽으면 명부에서 사자들이 와서 잡아갈 것이라는 생각에서 밥도 노자도 준비하는데, 입에다가 쌀을 넣어주기도 하잖아요? 게다가 사실 명부로 가는 게 아니고 시체는 무덤으로 가고 혼은 집 안의 사당으로 모시는 모순되는 일을 하고 있는 거예요. 처음에는 장례식의 모순적인 절차, 의식을 잘 드러낼 수 있을 것이라고 생각했어요. 그런데 이 영화를 만드는 과정이 굉장히 복잡하고 어렵더군요. 장례식 절차를 설명해야지, 장례식을 치르는 가족들의 미묘한 관계를 혼란 없이 보여주어야지, 또 치매를 앓다가 돌아가신 할머니의 생전 과거사 얘기도 해야 되고, 거기에다 동화도 찍어야 하고…… 이 복잡한 작업을 명백하게 혼란 없이 이끌어가야 하는 것이 가장 어려웠지요. 감독으로서는 그것을 실패하면 끝이죠.

「서편제」에서는 그리움을 노래로 그려내는 것이 힘들었다면, 「축제」에서는 이 많은 복잡한 요소로 얽힌 구조를 어떻게 단순화시켜 명백하고 선명하게 보여줄 것인가 하는 부분이 가장 어려웠어요. 누구라도 한번쯤은 장례식을 치른 경험이 있기 때문에 장례식 장면을 사실적으로 나타내고자 애썼지요. 조금이라도 거짓된 면이 드러나면 망하는 거예요. 관객들 자신도 체험하는 이야기를 어떻게 거짓스럽지 않게 찍어서 설득력을 가지도록 할 것인가…… 여기서 거짓스럽다는 것을 여러분이 오해할 수도 있는데, 그것은 내가 거짓되게 찍는다는 것이 아니라 여러 번 컷을 찍는 과정에서 자칫 점검이 소홀하게 되거나, 섣부르게 이렇게 하면 되겠지 하고 생각해서 찍은 것들이 사실과 다른 경우를 말하는 겁니다. 정말 거듭 그런 점을 점검하고 작업해야 되는 것이 영화예요. 여하튼 이 영화는 완벽하지는 않더라도 "어른들을 위한 동화", "다큐멘터리를 우화의 기법으로 만든 휴먼 드라마"라는 칭찬도 많이 들었어요.

사실 이 영화가 더 좋은 영화, 더 감동적인 영화가 될 수도 있었는데, 왜 그렇지 못했는가 짚고 넘어가야겠지요. 무엇을 소홀히 했고 무엇을 실수했으며 무엇이 보충되어야 했는지 한번 하나씩 점검해 봅시다.

우선 동화 부분을 말하죠. 동화 원작에는 계절이 없어요. 할머니가 줄어들고 점점 어린애가 되어가는 얘기를 어떻게 관객에게 설득력 있게 보여줄까에 대해 굉장히 고심했어요. 그 변화를 계절과 결부시켜서 해결한 것이지요. 그리고 이 동화를 어떤 분위기로 찍어야 될 것인가, 애니메이션으로 완전히 동화의 세계처럼 찍어야 될 것인가, 아니면 동화지만 좀 현실감 있게 찍을 것인가, 그리고 만약 실제 인물들로 현실처럼 찍을 경우 영화 속 연기자와 동일 인물을 선정할 것인지 아니면 전혀 다른 인물로 할 것인지를 고민했지요. 어쨌든 동화라는 이미지를 주어야 한다, 동화의 세계가 아름답게 찍혀야 한다는 절대적인 전제하에서 찍기로 했지요. 배경은 동화적인 느낌을 위해 그림으로 그리고 앞쪽 세트는 사실감을 주면

서 연기자는 동일 인물로 하되 변형을 주어 약간은 사실적 이미지에서 벗어나게 하는 방법을 택했어요.(093쪽 사진 참조) 그런 점에서 영화와 영화 속 동화 부분을 함께 본 후 잘된 부분이 무엇이고 문제점은 무엇인지 토론해 봅시다.

동화의 내용을 보면 할머니는 아버지, 어머니한테 나이를 덜어주고 자꾸 몸이 줄어들어요. 그리고 다음엔 손녀한테 나이를 덜어주는 장면이 있는데 여기서 잘못된 것이 있어요. 왜냐하면 아버지한테 자신을 덜어준 이 할머니가 쪼그라든 느낌을 보여줘야 하는데 이 할머니 몸집이 워낙 크기 때문에 말로는 덜어준다는데 그 덜어준 느낌이 이미지에서 나타나지 않았거든요. 한은진(할머니 역)이라는 연기자는 연기를 잘했어요. 그런데 카메라 배치와 연기자들의 위치 설정이 잘못된 거지요. 여러분은 이런 실수를 범해서는 안 된다는 의미에서 밝히는 겁니다.

유지나… 그러나 나중에 할머니가 완전히 작아지는 장면(097쪽 사진 참조)에서는 아이를 대역으로 쓰잖아요. 대역 없이 한은진 씨를 쓰면서 카메라로 시각적인 트릭을 연출할 수는 없었나요?

임권택… 맞아요. 이 장면은 할머니를 따로 찍어서 합성하면 되는 거였어요. 사실 합성 장면이 있긴 합니다. 그런데 이때만 해도 합성해서 성공한 적이 거의 없었어요. 열 번 합성을 한다면 열 번 다 실패를 했단 말이죠. 사실 인물 배치가 제대로 되지 않아서 효과가 없었다고 봐야 합니다. 할머니가 자신의 것을 나누어주면서 작아지는 장면이 상당히 애잔해

위 | 동화 부분, 은지가 방안에 누워 있는 할머니를 바깥에서 바라보고 있다. 오른쪽 | 동화 부분, 가족들이 할머니가 작아지는 것에 대하여 이야기하고 있다.

야 되는데 인물 배치에서 실패한 거지요. 대사 면에서도 느낌 전달이 부족했고…….

유지나… 지금 보는 장면(094쪽 사진 참조)에서는 은지가 내레이터잖아요. 그렇다면 관객이 은지의 시선으로 이미지를 따라가고 있다고 봐야 하는데 은지가 할머니를 보고 있는 게 아니라 할머니 뒤에서 부모님을 보고 있는데 왜 그렇게 하신 건가요?

임권택… 할머니가 자신을 덜어준 대상이 바로 아버지이기 때문에 그 큰 대상을 축으로 삼으려고 한 거지요. 오히려 이럴 바에는 다른 각도에서 찍는 게 더 나았을지도 모르죠. 그래서 이 장면만 나오면 몸둘 바를 모르겠어요. (임권택 웃음)

여기 보다시피 할머니를 작게 보이게 하기 위해 따로 찍어서 합성을 해도 몸 전체가 워낙 풍성해서……. (웃음) 여러분도 지금 내가 말하니까 확실히 알았지 그냥 영화만 보면서는 몰랐지요? (학생들, "예—.") 그래서 영화 만들기

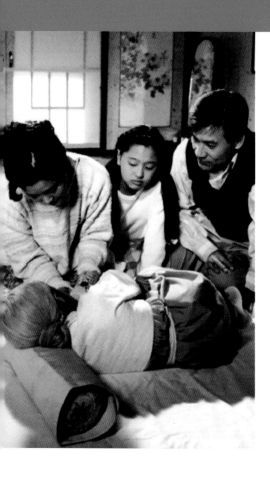

가 그리 호락호락한 작업이 아니란 겁니다.

할머니 역을 맡은 한은진 씨는 1919년에 태어나신 분이고, 아주 어린 나이에 영화를 시작하셨으니까 우리한테 대선배죠. 그리고 주연에서부터 어머니 역할 같은 조연까지 굉장히 많은 연기를 하셨고 사생활에도 문제가 없으신 훌륭한 연기자예요. 「사랑방 손님과 어머니」에서도 시어머니 연기를 하셨지요. 그분이 훌륭한 연기자이기에 이 영화에서 지적된 문제점에도 불구하고 전체적으로 동화적인 느낌을 줄 수 있었던 거지요. 배역 결정 문제도 상당히 중요한 만큼 여러 가지를 고려해서 심사숙고해야 됩니다.

여기(101쪽 사진 참조)를 보고 영화 보기 전문가, 흔히 꾼이라고 하는 영화제 작품 선정 위원들은 자연스럽지 않고 덜컹거리는 느낌을 받았을 것입니다. 태흥영화사를 통해 들은 건데, 후에 〈페사로 영화제〉 집행 위원장인 아드리아노 아프라가 왜 이런 짓을 했는가라고 깜짝 놀랐다가 뒤에 가서는 "아, 이렇게 빠져나갈 수도 있구나."라고 했다고 하더군요. 그러나 처음에 보면 동화로 들어가는 부분이 어설퍼 보여서(더 세련되고 동화답고 환상적이게 잘 이루어졌으면 이런 덜컹거림이 한결 덜했을 텐데) 굉장히 부자연스럽게 보이기도 합니다. 그러나 그렇게 부담스럽던 것을 이렇게 빠져나오기도 한다는 걸 기억해 주기 바랍니다.

이 부분(098쪽 사진 참조)이 할머니를 축소해서 합성한 장면입니다. 몸 크기는 축소되었으나 통통한 본래 형태는 바꿀 수 없어서 자식을 위해 덜어주었다는 느낌과는 거리가 멀게 보이죠.

유지나… 한은진 씨께서도 감독님이 느끼신 대로 자신의 몸이 좀 크지 않은가 하는 점에 대해 예민하게 느끼고 계신 것처럼 보이기도 하는데요. 감독님 말씀을 듣고 보니 한은진 씨도 자신의 몸을 최대

왼쪽 | 동화 부분, 네 식구가 툇마루에서 정겹게 식사중이다.
위 | 동화 부분, 아빠가 은지에게 할머니가 자신을 덜어주는 것에 관해 설명하고 있다.

한 축소시키려고 애쓰시는 것 같아서요.

| 임권택… | 절제된 체형에서의 느낌이 있기 때문에…….

| 유지나… | 여기(093쪽 왼쪽 사진 참조)서 가족들을 통해 바라본 할머니의 모습이어야 하는데 할머니와 가족의 위치가 바뀌었죠.

왜소한 모습을 위해서 아이를 대역으로 쓰고 있지만 사실 동화가 가지고 있는 아름답고 애잔한 맛을 살리려는 의도에서 꼬마를 쓴 점도 있습니다.

| 학생 4… | 할머니와 할미꽃을 연결시켜 "할미꽃은 봄을 세는 술래란다."라는 제목을 동화에 붙인 특별한 이유가 있습니까?

| 임권택… | 할미꽃이라는 것은 주로 무덤 가에 피는 꽃이지요. 구부정하게 피어 있는 이런 할미꽃을 여러분도 본 적이 있지요? (이청준 씨의 동화책 그림을 보여주면서) 여기에 그려져 있는 꽃은 사진을 보고 그린 겁니다. 그래서 실제 할미꽃이 가진 그런 맛을 살려내지 못했지만…….

| 유지나… | 제가 마침 일주일 전에 할미꽃에 대한 애니메이션을 TV에서 보았는데 이 동화를 이해하는 데 도움이 되는 것 같아

말씀 드리죠. 어린이 대상의 만화 영화였는데 저도 보다가 슬퍼져 눈물이 나올 정도로 가슴 아픈 이야기였어요.

옛날에 어떤 할머니가 세 딸이랑 산골에서 살고 있었어요. 가끔 세 딸들이 "늙어서도 우린 엄마랑 살 거예요."라고 하면, 할머니는 "그럼 되겠냐? 영감 먼저 보내고 키운 너희한테 좋은 배필을 맺어주고 손자 손녀 보면서 사는 게 이 어미의 희망인데."라고 대답하곤 했어요. 그리고 시간이 흘러서 첫째 딸이 시집을 가게 되었어요. 그 딸은 울면서 "엄마 저 꼭 찾아올게요." 하며 떠나요. 또 시간이 가요. 이제는 둘째가 시집을 가요. 그리고 이제 딸 하나만 남지요. 그런데 이 만화 영화에서도 감독님 묘사대로 할머니 몸이 줄어들어요. 결국 "절대 안 떠나요." 했던 막내딸 역시 떠나버리게 되지요. 세월이 흐르는 과정이 사계절의 변화로 보여지고 이젠 할머니가 너무 나이 들어 혼자 생활하기 힘들게 되었어요. 한국에서는 시집 귀신이 되어야 한다고, 출가한 여자가 1년 동안 친정에 한번도 가보지 못했던 것 여러분도 아시죠? 어느 날 할머니가 큰딸이 사는

곳에 가봐요. 큰딸은 잘살고 있었어요. 할머니가 집에 들어섰을 때 첫째 딸과 사위가 엽전을 세고 있었어요. 그런데 사위가 이러는 거예요. "왜 장모님은 왔대?" 큰딸도 되받아서 "왜 엄마는 연락도 없이 오는지" 하는 게 아니겠어요? 이 말을 듣고 할머니는 그 집에서 얼른 나가요. 그리고는 둘째 딸을 찾아가요. 둘째 딸은 중류로 사는데, 애를 보면서 남편이랑 싸우고 있는 거예요. 남편은 술 마시고 곯아떨어져 있고, 애는 앙앙 울죠, 딸이 밥해 먹이랴, 남편 씻기랴 하는 모습을 보고 할머니는 속이 상해 그 집을 나와 셋째 딸 집에 가요. 셋째는 너무 가난해서 제대로 먹지도 못하면서 살아요. 엄마가 오셨는데도 내놓을 음

동화 부분, 은지가 할머니에게 사과를 따주고 있다.

식이 없어서 그저 우는 거예요. 할머니는 괜찮다고 하면서 혼자 걸어나오다가
얼어 죽어요. 그 자리에 무덤이 생기고 꽃이 피었는데, 그게 바로 할미꽃이지
요. 어떻게 보면 한국 어머니 판 「리어 왕」 같기도 한 이야기지요.

임권택… 아마 이청준 작가가 이 이야기를 알고서 쓴 거 같아요. 예
전에 이청준 작가가 할미꽃에 대해 써놓은 게 있는데 읽어
볼게요. "할미꽃에는 허리 굽은 할머니의 고운 넋이 서려 있다. 겨울이라 주변
에 아직 싹이 파랗게 나오지 않고 시들어 있는데, 할미꽃만은 이상하게 솟아올
라 있다. 그런데 할머니의 넋을 머금은 할미꽃이 이른 봄 고개를 수그린 모습은
푸른 봄소식을 기다리며 새 생명들의 약동을 부르는 계절의 술래를 연상시킨
다. 제비 하나, 종달새 둘, 뻐꾸기 셋……. 노랑나비 혹은 민들레 하나. 할미꽃
둘, 진달래 셋……. 그리하여 온 산과 들에 푸른 생명의 봄 잔치가 어우러지면
할미꽃은 슬그머니 자취를 감추어 사라진다. 우리 할머니들의 생애 같다." 더

동화 부분, 은지와 할머니가 마주 앉아
소꿉놀이를 하고 있다.

있지만 여기까지만 읽어도 대충 이해되지요?

바로 이 할미꽃 동화를 장례식 장면에 사용하겠다니까 이청준 씨가 놀라더군요. 뭘 하려고 그러느냐고. 당시에는 출판되기 전 원고 상태였어요. 이걸 읽고 난 너무 감동을 해서 우리 아들아이한테 읽게 했어요. 그러면 나중에 나를 잘 모시겠구나 싶어서……. (웃음) 이것은 아이들이 보는 동화이기도 하지만 어른들이 볼 수 있는 동화이기도 하지요. 깊이 생각하면서 읽어볼 만한 책이에요. 이 책을 꼭 읽기 바랍니다.

학생 5… 동화 부분에서 손녀 은지가 그림을 그리는데, 그 그림들이 나중에는 책에 있는 삽화라는 걸 알게 되잖아요. 우리나라 애들 그림을 보면 그 또래 아이들이 그림을 그런 식으로 그리지 않는 것 같은데 의도적으로 그런 그림을 넣으신 건가요? 좀더 사실적인 애들 그림을 집어넣으실 수도 있으셨을 텐데…….

임권택… 이미 출간된 책을 사용해서 그 그림을 넣은 것이죠. 난 애들이 그린 그림이라고 생각할 줄 알았는데요. 실은 그림이 동화가 주는 느낌과 완전히 맞지 않는 것 같아서 나도 마음에 들지는 않았지만 그냥 찍게 되었어요. 이런 그림이 아니고 좀더 동화 같고 동심이 배어 있는 그림이면 더 좋았을 텐데 말이죠.

학생 6… 어린이 시선에 대한 말씀을 하시니까 생각이 나는데요, 「서편제」에서 동호의 어머니 역으로 나오는 젊은 과부와 유봉의 정사 신이 나오잖아요. 제가 궁금한 것은 어린 동호의 시선을 클로즈업하고 정사하는 부분으로 카메라를 이동하셨잖아요. 정사를 목격하는 어린아이의 시선 처리가 필요하셨는지요?

임권택… 그 부분에서는 동호의 어렸을 때의 충격이 내러티브를 이끌어가는 중요한 역할을 하게 됩니다. 꼬마는 그 장면을 정사라고 생각하지 못해요. 부모가 싸우는 줄 알겠지요. 그것이 후에 아버지와 아들 간의 불화의 씨가 되는 거지요. 잠재되어 있던 유년 시절의 불쾌한 기억으로 인해 부자간의 사이가 벌어진다는 영화적 표현 수단으로 보면 될 겁니다.

학생 7… 저도 「서편제」에서 궁금한 게 있습니다. 담 밑에서 과부가 밭을 매는데 유봉이 뒤에서 포옹하는 장면이 있는데

요, 사실적이고 적나라한 정사 장면이 아니라 하더라도 남
녀간의 감정이 충분히 흐르고 있다고 느낄 수 있었습니다.
그런 장면을 통해서도 남녀의 정뿐만 아니라 유봉과 동호
의 융화되지 못한 부분을 표현하시려고 하신 건가요?

임권택 … 그것보다는 남녀가 절실하게 그리워
하는 걸 나타내고자 했고, 그렇기 때문
에 같이 떠나게 되는 이야기의 개연성이 살게 되기도 하지
요. 이런 장면 없이 갑자기 둘이 훌쩍 떠났다고 생각해 보세
요. 그런 이야기 장치는 기본적인 거지요.

학생 8 … 저도 「서편제」에 대한 질문을 하나 드
리겠는데요. 마지막에 송화와 동호가
만나는 장면에서 송화는 동생이 와 있는 줄 모르고 주막 주
인의 손에 이끌려서 방에 들어가지요. 얌전히 앉아서 소개
하는 송화를 카메라가 부감으로 잡습니다. 다소곳이 앉아
있는 송화의 치마가 부채 모양으로 예쁘게 펼쳐져 있거든
요. 송화가 앉아서 자기 치마를 펼 수는 없는 것이고, 동호
가 펴줄 수도 없고 해서 어색하게 보이기도 했는데요.

임권택 … 그건 학생이 자연스러움에 대해 잘못
알고 있기 때문에 느낀 겁니다. 직업
판소리꾼으로서 손님 앞에 앉는 여자라면 당연히 그렇게
앉아요. 그렇지 않은 게 오히려 잘못된 거지요.
「서편제」보다는 다시 「축제」 이야기를 해나가지요. 준섭이
란 인물은 중심 인물이면서도 활약이 두드러지지 못하죠.
그 이유에 대해 질문하는 사람이 있어요. 사실 「축제」는 모
든 것이 준섭이라는 작가의 감정을 통해 펼쳐지는 영화이
기 때문에 굳이 준섭의 감정의 기복을 크게 부각시킬 필요
가 없었지요. 그런데 유일하게 준섭이 자신의 감정을 제어
하지 못하고 우는 장면이 있어요. 그 시점이 남들은 막 웃고
떠들어대는 초경이지요. *(100쪽 사진 참조)* 이 대조가 그의 감정

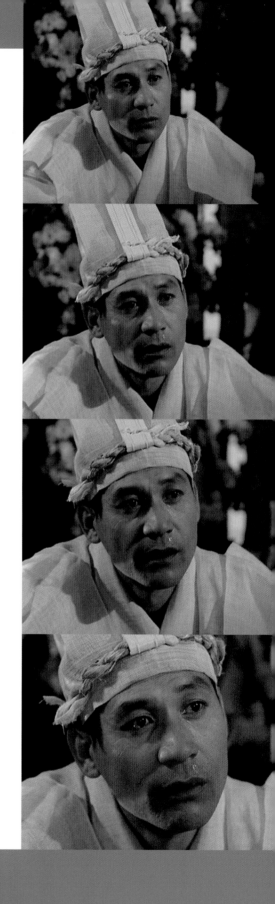

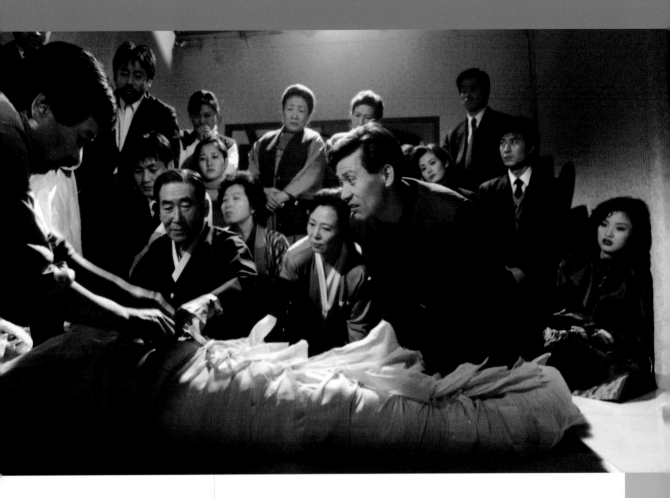

을 잘 부각시켜 준다고 볼 수 있는데 여러분은 어떻게 느꼈는지 알고 싶군요.

유지나⋯ 저도 거기에 대해서 드릴 말씀이 있는데요. 준섭 역을 맡은 안성기 씨 연기가 참 힘들고 중요한 것이죠. 그 인물의 시선을 통해 영화가 이끌어지는데 안성기 씨 연기가 때로는 '연기하는 것'처럼 보인 적도 있어요. 그래서 드리는 말씀인데 이미 어떤 이미지를 가진 안성기라는 배우도 좋지만 신인을 잘 기용하시는 감독님으로서 장례식의 다큐멘터리적 연출까지 생각하셨다면, 이를테면 한 예입니다만, 이청준 작가에게 준섭 역할을 맡기실 생각까지는 안해 보셨는지요?

임권택⋯ 이청준 씨 머리는 나보다 더 흰데⋯⋯. (웃음) 안성기 씨는 나름대로 매우 힘든 연기를 잘 해내고 있는 겁니다.

아무튼 「축제」는 굉장히 흥행할 것이라고 기대했어요. 고려대학교에서 처음 학생들에게 시사회를 했는데 굉장히 반응이 좋았거든요. 그래서 이거 관객이

왼쪽 | 준섭이 장례식 초경 때 울음을
터뜨리고 있다.
위 | 준섭이 어머니의 소염을 지켜보고 있다.

101

터졌구나 했는데⋯⋯. (웃음) 여하튼 내가 아무리 과감하게 신인을 기용한다 지만 이청준 씨는 글쎄⋯⋯. (웃음) 우선 나보다 머리가 더 희고, 게다가 영화 는 돈이 너무 많이 드는 작업이기 때문에 모험을 하려면 아주 심사숙고해야 하 지요. 내 개인 작품을 만드는 거라면⋯⋯. 유지나 교수의 조언을 다음에는 고 려해 보지요. (웃음)

<table>
<tr><td>학생9⋯</td><td>저도 그 면에 있어서 여쭤보고 싶은 게 있는데요. 「축제」</td></tr>
</table>
가 고려대학교 외에도 몇몇 대학에서 시사회를 했거든 요. 제가 대학 다닐 때도 학교에서 「축제」 시사회를 했어요. 그래서 돈 주고 봐 야 할 사람들이 무료 시사회를 통해 보았기에 흥행에서 실패하지 않았나 하는 얘기들을 하거든요. 그런 점을 감독님은 전혀 생각해 보시지 않았는지요?

<table>
<tr><td>임권택⋯</td><td>시사회를 했다는 것은 아는데 그렇게 많이 한 건 몰랐는</td></tr>
</table>
데요. (웃음) 「축제」는 당시 작품 중에 제일 괜찮은 작품 이라고 평가받기도 했어요. 선두에서 영화를 이끌어가는 비평계 일각에서도 그랬죠. 그중에 여기 유지나 교수도 칭찬을 했는데⋯⋯. 못 알아보는 사람은 전혀 못 알아보죠. 때려죽여도 못 알아봐요. (웃음) 일본 후쿠오카 시에서 주 는 〈아시아 문화상〉에서 내가 1997년 예술 부문 상을 탔었어요. 그때 「축제」를 보고 감동받았다는 인도의 시장이 영화에 대해 나와 대화하고 싶었던가 봐요. 그런데 일 때문에 올 수 없어서 다른 사람을 보내 「축제」에 대해 자신은 깊은 이해를 했고 감동을 받았다고 전하더군요. 그러나 어떤 사람들은 동화 부분이 어둡다고 지적을 하기도 하고 영화 구조가 너무 복잡하다고도 하지요. 그 복잡 한 구조를 어떻게 그렇게 붙였냐고 칭찬인지 아닌지 모를 모호한 말을 덧붙이 면서요.

바로 여기(100쪽 사진 참조)가 조금 전에 언급했던, 준섭이 감정을 제어하다가 끝 내 터뜨리는 장면이지요.

동화 부분이 그나마 성공할 수 있었던 것은 어린애가 우유도 먹고 옹알이도 하 고 애처로운 눈으로 보면서 마지막 생명을 다해 가는 모습을 동화의 느낌으로 보여주었기 때문이죠. 「서편제」에서 소리와 사건들이 잘 물렸듯이, 이 부분이 잘 물려서 동화도 살아날 수 있었고 현실도 살아날 수 있었죠.

이 장면(107쪽 사진 참조)은 나비가 없는 계절이라서 나비를 만들어 따로 찍어서 합

할머니의 상여가 나가고 있다.

성한 것이에요. 그때 제주도 유채밭에 가서 찍어볼까 하다가 현실적으로 시간이 부족해서 이렇게 처리했어요. 만든 나비라 날갯짓이 자연스럽지 못하지요. 나비만 잘되었다면 합성도 괜찮은 방법이에요. 나는 평소에 컴퓨터 그래픽 합성을 선호하지 않았는데, 시간, 에너지, 경비 절약 차원에서 보면 이런 방식도 바람직하다는 생각이 드네요. 물론 잘 합성이 된다는 전제하에서죠.

참 아까 누가 질문했었는데 대답을 구체적으로 못했지요? 용순과 제일 사이가 나쁘던 이복 언니가 어떻게 갑자기 용순에게 잘해 줄 수 있는가라는 질문이었지요? 영화에서 보면 가정의 불화가 함께 가족 사진 찍는 것을 통해 풀리고 있는데 사실 이런다고 해서 가족들이 완전히 화해될 리가 없어요. 그러나 집안의 축이셨던 어른이 돌아가시고, 장례식이라는 가족의 큰일을 치르면서 가족 구성원이 화해를 한다는 설정이 그렇게 억지스럽다고 할 수도 없죠.

그런데 이 영화의 배경인 장소 선택에는 문제가 있어요. 이 마을을 찍기로 하고 보니 어느 각도에서 정경을 잡아도 좋은 미장센이 되지 않는 겁니다. 이러한 영화 배경에는 어떤 마을 정경이 좋은지 설명해 보죠. 마을 고유의 전해 내려오는 역사도 있고 어딘가 묵은 기와집도 있어 여러 채가 잘 내려다보이는 그런 마을이 적합하지요. 한마디로 예스러운 면이 묻어나는 장소 말이지요. 아니면 예스런 대신 최근에 현대화되어 가는 농촌이어도 괜찮고요. 그런데 이 촬영 장소는 이것도 아니고 저것도 아닌 별 특징 없는 장소였어요. 「축제」에 쓰일 마을을 찾느라 많이 돌아다녔는데 결국 적절한 곳이 없었어요. 그래서 장례식 장면의 장소인 장흥 일원 근처 마을을 선택했지요. 만일 내가 아니라 연출부 중 누가 단독으로 이곳을 정했으면 아마 그 친구는 나한테 혼쭐났을 거예요. (웃음)

그리고 이 영화에서 아쉬운 점이 또 한 가지 있는데 그 부분을 내 스스로 짚고 넘어가겠어요. 돌아가신 준섭 모母의 젊은 시절을 다루는 장면이 있지요. 그 시절의 준섭 모를 삶을 주도적으로 이끌어가는 강인한 여인의 모습으로 부각시켰더라면 노령과 치매로 삶의 한 켠에 물러나 있는 노모의 삶과 동화 이야기가 더욱 가슴 절절이 다가왔을 것입니다.

얼마 전에 부도를 내고 도망 다니면서 살다가 지금은 지방 신문사를 새로 차려 재기한 실업인을 만난 적이 있어요. 그는 절망의 끝에서 이 영화를 보면서 힘을

오정해는 현실 부분에서 옥순 역을 맡았다.

얻었다고 그러더군요. 숨어 다니는 동안, 자신처럼 절망의 늪에서 허덕이던 영화 주인공이 다시 일어나는 것을 보면서 살아야겠다는 의지를 갖고 이를 악물고 다시 시작했답니다. 영화가 허구의 세계일지라도 우리 삶에 순기능을 하는 중요한 매체임을 다시 느꼈지요.

「서편제」의 흥행 성공 후에도 영화의 파급 효과에 대해서 생각한 적이 있어요. 책임 없이 영화를 만들면 안 된다고 다짐했지요. 영화 공부를 시작할 때부터 영화에 대한 신중한 생각을 가지고 잘 배워 나가야 합니다. 나처럼 젊은 시절 아무 생각 없이 한 10년 동안 쉰 편이나 찍고 어느 날 텔레비전에서 상영되는 영화가 내 영화인 줄도 모르는 상황을 여러분은 겪어서는 안 되겠지요.

학생 10··· 제 생각에는 준섭의 가족사에 세세하게 접근한 것이 영화의 간결함과 응집력을 떨어뜨린 듯한 인상을 주는데 감독님 생각은 어떠신지요?

임권택··· 그것도 맞는 지적이긴 해요. 그 때문에 필요 없는 군더더기 대사들도 많았지요.

학생 11··· 관객은 감독의 의도와는 다른 해석을 하는 경우도 있습니다. 장례식 장면의 경우에, 감독님 의도처럼 순수하게 우리 민족을 화해시키는 어떤 매개체로서의 장례식일 수도 있지만, 다르게 보면 우리가 타파해야 할 봉건 사회의 유물로 보일 수도 있거든요. 감독님은 그 점에 대해 어떻게 생각하시는지요?

임권택··· 나는 장례식 장면에 설명 자막을 넣었어요. 그리고 설명 자막을 넣기 위해 그 장면을 의도적으로 길게 찍었지요. 물론 길게 찍은 큰 이유는 장례식이 일생에서 가장 커다란 의식이기 때문이지요. 그런데 그 중요한 의식의 안을 뜯어보면 서로 이치에 맞지 않아요. 그 점을 보여주기 위해서 설명 자막도 넣고 길게 찍은 거지요. 따라서 지금 학생이 질문한 것처럼 의식의 허점을 관객이 유추해서 알아주었으면 하는 점도 있어요.

학생 12… 아까 나비가 나오는 장면에서 등장 인물이 나비를 처다볼 때 왠지 얼굴에 그림자가 반쯤 드리워지는데 의도적이셨던 건지 궁금합니다.

임권택… 추녀를 통해 광선이 들어오는 것을 표현하기 위해서였어요. 한쪽에서 빛이 들어오면 그림자 지는 쪽이 있기 마련이니까요.

학생 13… 「축제」에서 잡지사 여기자가 굳이 엉덩이에 구멍 난 청바지를 입어서 아이들의 놀림감이 된다든지 술을 많이 마셔서 바지에 실례하는 등의 장면은 관객들에게 웃음을 유발시키는데요, 한편으로는 감독님 세대의 어른들이 젊은 여성을 보는 주관적인 시선이 아닌가 생각했거든요. 감독님의 견해를 듣고 싶습니다.

임권택… 그 기자는 취재하고 싶은데 상사가 허락하지 않으면 어디 가는지 보고도 하지 않고 제멋대로 떠나는 여자입니다. 어떤 규범의 틀을 벗어난 자유로운 의식을 가진 여자라면 그런 에피소드가 어울릴 거라고 생각했지요. 여하튼 그것도 내 주관적인 생각이긴 마찬가지라 변명이 될 수 있을지 모르겠는데요.

학생 14… 「축제」를 보면 등장 인물들이 많거든요. 대부분의 한국 영화에는 정형화된 등장 인물들이 많습니다. 감독님께서는 등장 인물의 성격 창조를 연기자에게 직접 요구하시는지, 아니면

동화 부분, 할머니가 우유를 마시다가 점점 줄어들고 있다.

연기자가 지니고 있는 성격 범주에서 조율하시는지 궁금합니다.

임권택… 처음에 우리가 시나리오 작업을 하는 과정에서 등장 인물을 창조하고 성격을 부여하면 우선 그 역할에 맞는 연기자를 고릅니다. 그런데도 그 역할을 제대로 소화해 내지 못한다고 생각되면 요구를 할 수밖에 없지요. 그래서 나는 연기자 선택 문제가 아주 중요하다고 생각합니다. 요구했는데도, 또 연기자 스스로 노력해도 안 되는 경우에는 역할 자체를 줄이는 방법으로 수정해 갈 수밖엔 도리가 없어요. 영화는 진행되어야 하는데 그것에만 매달릴 수는 없으니까요.

학생 15… 맨 마지막 장면에 나왔던 음악이요, 「서편제」에서도 장면 전환할 때 쓰였던 거 같거든요. 같은 음악인가요?

임권택… 동화 장면에서 말인가요? 동화를 어떻게 찍어낼 것인가 고심했다고 했었죠? 영상 표현으로 동화적 이미지를 잘 살려내지 못해서 음악으로 보완하면 어떨까 하고 김수철 씨한테 맡겼는데 음악은 성공적이었어요. 그 부분이 어느 정도 살아났거든요. 가만 질문이 뭐였지요? 아, 「서편제」 음악과 같은 게 아니냐고? 아니죠. 다른 음악이에요. (웃음)

유지나… 감독님 말씀대로 다른 음악이라는 것은 알지요. 사실 개인적으로 김수철 씨 음악 좋아해서 저도 많이 들어요. 그

동화 부분, 나이를 자식들에게 모두 덜어준 할머니가 나비가 되어 날아가고 있다. (화면의 왼쪽 아래)

런데 김수철 씨 음악 스타일은, 그러니까 옛날에 막 기타 치던 거 말고 국악과 접합한 요즘 스타일은 어떤 사람에게는 상당히 비슷한 음감으로 들릴 수 있어요.

학생 16··· 저는 「축제」를 보고 나서 굉장히 좋았습니다. 특히 소재가 좋았어요. 그런데 이상하게 여긴 부분이 있어서 나름대로 곰곰이 생각했어요. 용순이 동화책을 보잖아요. 동화책을 본 후 용순이 가족들과 자연스럽게 융화되거든요. 사실 저는 그 영화를 보면서 동화가 감동적이지 않았어요. 제가 만약에 감독이라면 그 동화를 어떻게 찍었을까에 대해서도 많이 생각을 해봤는데, 지금 감독님께서 하신 방법이 가장 적절했던 거 같아요. 결론은 안성기 씨 부인 역으로 나오시는 분께서 목소리가 너무 높아서 어색했다는 것입니다.

장례가 끝난 후 가족들이 기념 촬영을 하고 있다.

| 임권택… | 하여튼 계속 되풀이하지만 동화 부분이 더 잘되었다면 영화 자체도 더 좋은 작품이 되었을 겁니다. 연기자 목소리 |

도 맘에 들지 않았다는 것 보니 정말 여러 가지로 문제가 많았네요. 이청준 씨의 동화 내용 자체는 정말 감동적입니다. 동화책 팔아먹으려고 여기 있는 건 아닌데…….(웃음)

| 유지나… | 동화에서 영화 속 인물을 그대로 등장시키셨잖아요. 제가 좀더 여쭤보고 싶은 것은 동화와 영화 속 현실을 구분 |

하기 위해서 의도적으로 연기 지도를 하신 건가요? 부인 역의 연기자뿐 아니라 안성기 씨의 연기도 상당히 부자연스럽고 좀 꾸민 듯한 느낌을 받았거든요.

| 임권택… | 자연스럽게 느껴졌어야 하는데, 그렇다면 잘못된 거지요. |

| 학생 17… | 영화 제목이 영화를 대표하는 이미지라고 하는데, 왜 '축제'라는 단어를 선택하셨는지 감독님의 의도를 듣고 싶 |

습니다.

| 임권택… | 내가 제목을 '축제'로 하자고 하니까 이청준 작가도 놀라더군요. 난 두 가지 측면에서 그 제목을 제안했어요. 죽음 |

이 새로운 탄생을 의미한다는 개인적인 믿음, 말하자면 윤회의 측면에서 '축제'라고 했고, 또 가족 간에 쌓인 불화들이 장례식을 통해서 풀리며 서로 화해하는 모습은 축하할 만한 일이 아니냐 하는 점에서였지요. 덧붙이자면 '축제'가 제의라는 뜻을 내포하고 있기도 하고…….

| 학생 18… | 영화의 시간 배경이 초가을로 설정되어 있는데 어떤 의도가 있으신가요? |

| 임권택… | 영화 촬영 시기가 때마침 그때였거든요. (웃음) ■ |

사실과 허구를 접목하는 시대극 연출기법

유지나… 학교 행사로 지난 주 수업이 없어서 학생들 각자 비디오로 「장군의 아들」과 「길소뜸」을 봤습니다. 이어서 오늘은 감독님께서 이 두 편에 대한 이야기를 해주시겠습니다.

임권택… 「장군의 아들」이나 「길소뜸」은 잘된 부분보다 잘못된 부분을 더 많이 짚고 넘어가야 할 겁니다.

우선 「장군의 아들」에 관한 이야기부터 시작하겠습니다. 전에도 말했듯이 이 영화가 왜 제작되었는지 얘기하자면 사연이 있어요. 이 영화는 1990년에 제작되었는데 바로 그전까지만 해도 해외 영화제에 작품을 내보내느라고 정신이 없었을 때였어요. 「길소뜸」이 〈시카고 영화제〉에서 세계평화메달상을 받았고 그 후에도 「씨받이」, 「아다다」, 「아제 아제 바라아제」가 수상하기는 했지만, 내가 수상했다기보다는 여배우들이 탄 것이었어요. 그래서 다음 작품으로 성과를 내었으면 하는 조급한 생각이 있었어요. 그때 태흥영화사의 이태원 사장이 「장군의 아들」이라는 소설이 있는데 영화로

위 「장군의 아들 1·2·3」(1990·1991·1992), 일제 강점기 김두한의 활약상을 그렸다.
아래 「길소뜸」(1985), 한국 전쟁으로 헤어진 세 사람이 재회했다가 세월이 낳은
서로간의 차이를 극복하지 못해 다시 헤어지게 되는 과정을 그렸다.

만들어보지 않겠느냐는 제의를 해온 겁니다. 말하자면 액션물을 한번 해보면 어떻겠느냐는 거였지요. 이 제의는 당시 나로서는 정말 뜻밖이었어요. 내가 액션 오락물을 하고 있을 때가 아니었으니 말입니다. 그래도 이태원 사장은 날 계속 설득했어요. 해외 영화제에 출품하느라 지쳤는데 가벼운 액션 영화를 만들며 휴식을 하라는 거지요. 내가 다른 사람은 까마득히 잊어버리고 있는 1960년대 액션 감독이라는 것을 그는 기억하고 있었어요. 그리고 지금까지 많은 작품을 해왔으니 그때보다는 나은 액션물을 찍을 것이라는 제작자로서의 기대를 가졌던 것이죠. 처음에는 그런 제의를 거절했어요. 그런데 몇 번 거절을 하다가 보니 이런 생각이 들었어요. "젊은 시절의 액션 감독이 이 나이에 와서 어떻게 변화되었는지 나 스스로 되돌아보고 싶기는 하다." 결과적으로 「장군의 아들」은 엄청난 흥행 작품이 되었지요. 충무로에서는 내가 태흥영화사에 돈을 벌어

「장군의 아들 1·2·3」의 배경으로 사용된 KBS 수원 오픈 세트.

준 것으로 알고 있어요. 그런데 사실 이건 이태원이라는 제작자의 역량이지요. 한 감독의 소질을 알고 그 소질을 끌어내 상품화시킨 제작자의 수완이 이 영화를 탄생시킨 것이나 다름없어요. 이처럼 제작도 기분 내키는 대로 이루어지는 게 아닙니다.

여러분이 이 영화에서 주목해 봐야 할 점은 오픈 세트입니다. 시대적 배경으로 필요한 옛날 거리를 재현하기 위해 수원에 있는 KBS 오픈 세트(112, 122-123쪽 사진 참조)를 일부 빌려 썼어요. 종로에서 김두한이 활약했던 시대는 1930-1940년대이므로 우미관 앞은 새로 세트를 만들었어요. 그런데 여기서 문제가 생긴 겁니다. 액션물은 몸을 써서 치고 박고 해야 하는 격투 신이 많기 때문에 될 수 있으면 추운 날은 피해야 하죠. 몸이 굳은 채로 서로 과격한 행동을 벌이면 사고가 많이 나거든요. 그래서 세트를 우선 짓고 겨울 촬영을 간단히 끝냈어요. 그러고는 촬영 일정을 봄으로 연기했는데 일이 터진 겁니다. 날이 풀리면서 오픈 세트 길거리가 진흙탕이 되어 걷기조차 힘들게 되었지요. 배수 문제로 인해 촬영을 중단해야 하는 사태가 벌어진 것이죠.

오픈 세트 촬영 시에는 사전에 주도면밀하게 계획하고 무엇이 필요한지 미리 잘 고려해서 지어야 해요. 가령 주변에 공장이 있는지도 모르고 오픈 세트를 지어놓고 동시 녹음을 한다고 합시다. 현장음이 어떻게 될지 상상이 되나요? 그리고 오픈 세트를 지을 때 고려할 또 다른 중요한 점은 빛의 방향입니다. 아무리 자연 경관이 좋다고 해도 건물이 햇빛을 정면에서 차단하고 있으면 아무리 잘 찍으려고 해도 도리가 없지요. 또 그림자가 어느 정도 드리워져야 입체감도 살아나는 것이죠. 세상없어도 빛이 순광으로 떨어져서는 작품을 찍기 어려워요. 거리를 만들 때도 거리의 중심이 남쪽을 향하게 지으면, 해가 정면으로 떨어져 순광으로만 유지되는 장면들은 못 찍게 됩니다. 결론적으로 오픈 세트를 지을 때는 장소의 선택, 배수 문제, 그리고 광선의 조건 등을 사려 깊게 점검해야 한다는 점을 다시 한번 강조합니다. 여러분도 나중에 영화 오픈 세트를 지을 때 이 점을 꼭 생각해야 합니다.

그럼 이제 「장군의 아들」에 대한 여러분들의 질문을 받도록 하지요.

학생 1 …   저는 감독님께서 로케이션과 오픈 세트를 사전에 어떻게 나누고 계획하시는지 알고 싶습니다.

임권택… 그것은 굉장히 중요한 문제입니다. 영화가 잘 살아나느냐 아니냐에서 연기도 필요하고 여러 가지가 필요하지만 이런 문제가 가장 결정적이지요. 오픈 세트가 지어졌다고 해서 다 만들어졌다고 보아서는 안 돼요. 전에도 얘기했지만 광선의 조건이 영상을 그럴듯하게 보이게 할 뿐 아니라 세트의 인위적인 느낌을 지워주는 역할도 합니다. 「장군의 아들」에 필요한 극장을 지을 때 원작자 홍성유 선생님이 쓰윽 둘러보시고 나서는 시큰둥한 얼굴로 가신 적이 있어요. 맘에 들지 않으셨겠지요. 그러나 나중에 영화로 찍힌 것을 보면서 놀랐다고 하더군요. 오픈 세트는 눈으로 볼 때와 실제 촬영한 결과가 다릅니다.

오픈 세트를 실제 장소나 건물처럼 보이게 하려면 그 자체도 중요하지만 감독의 창의성도 결합되어야 하지요. 이것은 말로 설명할 수 없는 부분입니다. 요컨대 감독의 영화적 창의성과 관련된 부분이면서 아주 중요한 부분이라는 것만은 강조하고 싶습니다.

유지나… 사실은 제가 「장군의 아들」을 이번 강의에 넣었으면 좋겠다고 한 장본인이어서 조금 보충 설명을 드리지요. 감독님 영화 중에 「서편제」 다음으로 대중적인 영화이고, 우리 학생들이 즐길 수 있는 영화라고 생각했기 때문입니다. 감독님은 「장군의 아들」을 군이 연출 수업에서 다룰 만한 영화라고 보시진 않았지요.

감독님은 이태원 제작자가 제의해서 「장군의 아들」을 감독하셨다고 했는데, 「창」을 만드실 때와 비슷한 상황인지요? 저는 감독님이 감독님 고유의 작품 세계를 추구하시면서도 때로는 이태원 제작자의 영향력을 작품 활동의 상당 부분에 반영한다고 생각합니다.

특히 감독님이 이태원 제작자의 영화를 만드시면 흥행에 성공하는 경우가 거듭 나오거든요. 「장군의 아들」이나 「창」이 그런 경우에 속합니다. 반면 흥행작이기도 한 「서편제」가 성공한 후 감독님이 보다 자유롭게 만든 「축제」가 나왔는데 흥행 면에서 별로 호응을 얻지 못했죠. 반면 이태원이라는 제작자의 기획이나 교통 정리가 많이 들어가 보이는 「장군의 아들」과 「창」이 결국 흥행에 성공했거든요. 저는 그것이 제작자의 힘이라고 보는데 감독님 의견은 어떠신지요?

임권택… 반드시 그렇지도 않습니다. 「창」은 이태원 제작자의 의지와는 별 상관이 없어요. 내가 하자고 해서 한 겁니다. 「창」은 내가 영화 속에 담고자 한 것을 충분히 담지 못한 영화라서 지금도 그 영화 얘기가 나오면 할 말이 없어요. 「창」에 대해서는 나중에 기회가 되면 필름을 보면서 결정적으로 영화의 생명력을 잃게 만든 것이 무엇인지 설명할게요. 하여튼 「창」을 하자고 한 것은 나였고, 문제라면 추석에 맞추어 개봉하려고 졸속 작업을 진행했다는 데 있지요. 시간적 여유를 갖고 충실히 만들었더라면 여러분들이 가진 「창」에 대한 이미지와는 전혀 다른 영화가 될 수 있었는데 참 아쉬워요.

유지나… 여러분에게 시간을 드리기 위해 제가 또 하나 질문을 해도 괜찮겠지요? 준비들 하세요. (웃음) 「장군의 아들」과 같은 액션 영화가 인기 있는 것은 영화 자체가 재미있고 보는 동안 카타르시스를 관객에게 줄 수 있기 때문이지요. 여하튼 「장군의 아들」은 감독님께서 큰 부담을 갖지 않고 찍으신 영화지만, 관객에게는 임권택이 찍으니까 역시 다르다는 인식을 주었거든요. 특히 이 영화가 나온 1990년을 전후한 시기가 이른바 홍콩 누아르라는 홍콩 액션 영화들이 한국의 젊은 관객들에게 한창 인기 있던 때였지요. 미국의 갱스터나 필름 누아르를 홍콩식으로 푼 아류라고 하기도 하는데, 감독님은 「장군의 아들」을 만드시기 전 그런 유類의 홍콩 영화를 보시거나

김두한은 일대일 대결을 통해
주먹 세계를 제패해 나간다.

참고로 하셨나요?

임권택… 홍콩 영화를 몇 편 보았지요. 그 영화
들에서 보여주는 액션은 기예라고 보
는 게 더 타당할 정도로 현실감이 없어 보이더군요. 현실에
서 벌어지는 폭력의 세계가 아니었어요. 예를 들자면 한번
급소를 맞으면 사람이 더 이상 힘을 못 쓰게 마련인데 맞아
도 맞아도 또 일어나는 장면들 말입니다. (웃음) 내게는 그
런 것이 이상하게 보이더군요.

그래서 「장군의 아들」을 찍을 때는 기예 같은 홍콩 영화와
차별화시키는 데 노력했어요. 촬영할 때 정일성 촬영 감독
과 상의를 많이 했지요. 1930–1940년대의 정서를 어떻게
충실히 영화 안에 담아서 관객으로 하여금 그 시대에 몰입
하도록 만들어갈 것인지에 관해 굉장히 노력했습니다. 가
끔 정일성 촬영 감독에게 이거 괜히 우리끼리 옛날로 돌아
가서 우리만 좋아하는 것을 하는 게 아니냐고 말하기도 했
어요. (웃음) 내가 젊은 세대들한테 통하지 않는 짓을 하고
있는 게 아닌가 걱정도 많았지요. 사실 요즘은 남녀 모두 중
성적인 분위기라서 정말 사내다운 젊은 청년을 볼 수 없어
요. 나도 한때는 사내다운 때가 있었는데 요즘은 내가 남자
인지 여자인지 모를 때가 있거든요. (웃음) 아마 그런 분위
기가 사내들의 세계를 영화화한 「장군의 아들」을 성공으로
이끈 게 아닌가 생각해요.

학생 2… 개인적으로 저는 「장군의 아들」 같은
액션 영화를 좋아합니다. 저는 「장군
의 아들」이 재미있는 이유를 이렇게 생각합니다. 보통 액션
영화에서는 깡패가 영웅시되는 경우가 많습니다. 여차여차
해서 배운 것도 없는 깡패가 영웅이 되었다는 식의 스토리
전개가 대부분이지요. 그러나 「장군의 아들」은 달랐어요.
그리고 홍콩 영화의 액션 장면은 끝도 없이 계속되는 반면

「장군의 아들」은 액션 신을 1분도 채 안 되게 마무리 짓는 깔끔함이 참 좋았습니다. 김두한이 나와서 싸울 때의 장면 연출은 특히 인상적이었어요. 앙각과 스텝 프린팅이 눈에 띄었는데 어떻게 연결해서 찍었는지 궁금합니다.

임권택··· 내 영화는 액션 장면이 길지 않아요. 그러나 단순히 그저 짧은 것만은 아닙니다. 짧아도 내용이 어떠한가가 중요한 것이지요. 가령 김두한이 유도를 한 사람에게 발을 잡히는 척하면서 그걸 이용해 공격하는 장면(116쪽 사진 참조)이 있어요. 그 장면은 짧지만 머리 싸움도 같이 한다는 것을 보여주는 장면입니다. 따라서 내용을 담으려고 많은 노력을 했다고 할 수 있어요.

학생 3··· 영화에서 보면 싸움이 끝났을 때 "애들아, 병원으로 형님 모셔라."라는 대사가 무척 많거든요. 미국 영화나 홍콩 영화에서는 처음에는 깡패 세계라도 굉장히 의리가 있는 것처럼 묘사되지만 결말 부분에서는 친한 친구조차 배신하고 죽이는 일이 허다합니다. 잔인하고 어두운 세계 그 자체를 적나라하게 보여주려는 것이겠지요. 그런데 죽이지 않고 단지 승자가 누구인지만 알릴 정도로 신사답게 행동하는 우리 액션 영화를 볼 때 영화가 폭력 조직의 세계를 미화시키는 듯합니다. 그 점에 대해 임 감독님은 어떻게 생각하시는지요? 그리고 상대편을 죽이지 않고 병원으로 데려가는 것이 당시 실제로 행해진 관행인지요?

사실적이면서도 박진감이 넘치는
「장군의 아들 1」의 액션 장면.

임권택… 실제로 그랬다고 합니다. 그 무렵에는 싸워서 지는 편이 자신들이 차지하고 있던 구역을 이긴 편에게 순순히 넘기고 떠났다고도 해요. 지금처럼 사시미 칼로 막 찌르는 시대가 아니었지요. (한바탕 웃음) 그 당시의 소박하고 인정도 있었던 깡패 세계에 비하면 정말 지금의 우리나라 폭력 조직이 얼마나 잔인하고 비인간적인가 개탄하게 됩니다. 그러니까 내 영화는 오히려 당시의 사실을 재현한 것뿐입니다.

학생 4… 저는「장군의 아들」영화 자체에 대한 것보다는 감독님과 이태원 제작자의 관계에 대해 여쭈어보고 싶습니다. 감독님께서 여러 번 작업을 함께하시면서 일궈낸 파트너십이라고 하셨는데, 사실 1980년대 중반 이후 계속된 관계입니다. 두 분의 파트너십에 대해서 구체적으로 알고 싶습니다. 그리고 감독님은 다른 제작자와 함께 작업할 수 있는 기회도 많았을 것이라고 짐작되는데요, 군이 이태원 제작자와 많은 작품을 함께하신 특별한 이유가 있으신지요?

임권택… 우선 내가 태흥영화사 전속은 아니라는 걸 밝혀야겠군요. (웃음) 이태원 사장이 권유해서 만든 영화는「장군의 아들」외에는 없습니다. 여러분들도 현장에 나와보면 알겠지만 제작자와의 관계는 대부분 불편합니다. 왜냐하면 감독은 돈이 들더라도 영화를 잘 만들려고 하고 제작자는 어떻게든 경제적으로 해결하려고 하는 입장이기 때문에 좋은 관계를 유지하기 힘들어요. 그런데 이태원 사장은 감독이 영화를 하는 데 직접적으로 개입하지 않는 편입니다. 가령 시나리오가 완성되고 무엇을 영화로 찍고자 하는지가 명확히 드러나면 제작비를 미리 산출할 수 있어요. 그러나 정해진 시나리오 없이 상황에 따라 영화를 찍어가는 경우가 많은 내게 제작비를 책정

「장군의 아들」로 데뷔한 박상민은 일약 스타가 되었다.

하지 못한 채 돈을 대야 한다면 제작자들은 답답할 겁니다. 이태원 사장은 그 경우에도 뒷받침을 잘해 준다는 점에서 편한 제작자이지요. 물론 한 제작자와 항상 함께 일할 필요는 없어요. 좋은 소재의 영화를 지원하고자 하는 제작자가 있다면 언제든지 함께할 수 있는 것이죠.

학생5··· 그렇다면 감독님 이름을 걸고 독립 프로덕션을 하실 의향은 없으신가요?

임권택··· 나도 한때 독립 영화 제작자로 활동한 적이 있어요. 그 결과는 실패였어요. 두 번이나 그랬습니다. 제작자로서 역량이 부족했던 것이 실패 요인이었지요. 돈을 어떻게 써야 하는지도 잘 모르고 내 자신의 경제적 여건도 생각하지 못했어요. 정작 필요한 곳에 돈을 쓰고자 하면 다 써버려서 없는 겁니다. (웃음) 그러니 독립 제작사는 안 하는 게 좋겠지요.

학생6··· 「장군의 아들」의 마지막 장면은 2편이 만들어질 것이라는 예상을 하게 합니다. 2편도 마찬가지로 3편을 예고합니다. 속편을 염두에 두고 전작을 만드신 것인지 알고 싶습니다. 만약 그렇다면 감독님의 의도이신지 아니면 제작자의 요구였는지, 그리고 속편을 염두에 두셨다면 어느 정도 흥행에 대한 예상을 하셨다는 생각이 드는데 어떠셨습니까?

일본 폭력 조직 우두머리인 실존 인물 하야시를 신현준이 맡아 연기했다.

임권택… 흥행에 대해서 생각하기보다는 내가 무슨 치기 어린 짓을 해서 이 고생을 하는지 걱정을 많이 했던 작품입니다. 설사 흥행이 되어도 내가 속편까지 할 생각은 없었어요. 여러분, 혹시 김영빈 감독을 아는지요?「테러리스트」를 찍은 감독인데 그 감독이 2편을 연출하려고 했어요. 그러나 워낙 1편이 큰 호응을 얻자 연속성을 살려야 하는 것 때문에 결국 내가 하고 말았는데 그건 제작자 때문이었지요. 그리고 마지막에 형사가 김두한을 불러 세우는 장면을 넣은 것은 아무리 깡패라 할지라도 식민 치하에선 통제될 수밖에 없음을 드러내고자 했던 겁니다. 2편을 하겠다고 예고하려고 형사가 김두한을 부르는 장면을 넣은 것은 아닙니다. (한바탕 웃음)

학생 7… 저는 중학교 때「장군의 아들」을 보았어요. 그 시리즈를 보면서 007시리즈를 많이 생각했습니다. 007시리즈처럼「장군의 아들」에서도 매번 여성 인물이 바뀌잖아요. 저는 그 인물들을 본드 걸로 간주했어요. 그런데 처음에는 여성 인물이 주인공과 사랑을 나누는 것으로 어느 정도 비중을 두다가 결말쯤 되면 거의 비중이 없어집니다. 감독님이 의도하신 건지, 아니면 표현이 잘되지 않아서 자연스럽게 그렇게 된 것인지 알고 싶습니다.

임권택… 전에 연애 영화를 찍으면 내 동생이 하지 말라고 말했어요. 내가 연애도 안 해 보고 그런 말도 안 되는 짓을 하니까 그랬던 것 같습니다. 나와 달리 동생은 연애를 좀 했었나 봅니다. 하여튼 그 이후로 영화에 사랑 얘기를 넣는 것을 되도록 피하지요.「장군의 아들」도 같은 맥락으로 이해하시는 게 맞을 겁니다. (웃음)

학생 8… 저는「장군의 아들」속에는 실제 인물과 허구 인물이 공존하고 있다고 들었습니다. 김두한이 실제 인물이라면 하야시(119쪽 사진 참조)는 허구 인물 아닌가요? 그 시대를 다룬 영화에 나오는 인물들 중에서「장군의 아들」의 하야시만큼 멋있게 표현된 인물이 없는 것 같습니다. 하야시는 악역이지만 매력적인 캐릭터입니다. 감독님께서 그런 인물 창조에

특히 신경 쓰신 부분이 있으셨는지요?

임권택… 하야시는 허구의 인물이 아니라 실제 인물입니다. 일본 폭력 조직의 두목이기는 했지만 사실 한국인이었다고 해요. 물론 하야시의 멋스러움을 표현하는 데는 픽션이 많이 가미되었어요. 액션 영화에서는 악역이라 할지라도 인물의 개성이 관객에게 어필할 때 영화가 재미있는 법 아니겠어요? 시종일관 악한으로 몰고 가면 재미없지요. 일본 야쿠자의 전형이 있는 건 아니지만 대충 그런 기질을 부여해서 하야시라는 인물을 탄생시켰지요. 하여튼 그 인물은 허구적 요소가 가미된 실제 인물입니다.

학생 9… 저는 「장군의 아들」이 일제하 민족 간의 대립보다는 단지 폭력 조직 간의 세력 다툼으로 이야기가 전개된다고 생각합니다. 그런데 2편과 3편으로 넘어가면 의미가 확장되어 민족 간의 대립 양상으로 점차 바뀌어나가는 듯한 느낌을 받게 됩니다. 감독님께서는 어떻게 생각하십니까?

임권택… 1편의 연장선만으로 2, 3편을 해나가기에는 얘기가 궁해지는 법 아니겠어요? (웃음) 여러분이 실제로 영화를 찍게 되면 그런 것이 무슨 뜻인지 알게 될 겁니다.

유지나… 액션 영화가 관객에게 쾌락을 주는 데에는 액션 장면이 큰 역할을 한다고 생각합니다. 서극 감독의 영화처럼 긴장을 유발하는 속도감 있는 액션 신이 주는 매력은 뛰어난 무술 감독과의 팀 워크의 결과라고 생각합니다. 「장군의 아들」 역시 독특한 액션 장면이 매력적이고, 실제로 분석해 봐도 액션 장면 연출과 미장센이 잘되었다고들 평가합니다. 그러면 감독님은 전체 미장센과 내러티브에서 무술 감독과의 역할 배분을

「장군의 아들」은 1930년대 서울의 종로 거리를
사실적으로 재현했다.

어떤 식으로 하셨는지요?

임권택…　무술 감독은 보통 사람이 해낼 수 없는 고난도의 액션을 연출해 내는 사람입니다. 그렇다고 해서 그들에게 전적으로 액션 장면 연출을 맡길 수는 없어요. 그러면 홍콩 영화처럼 됩니다. 감독이 우선 액션 장면에 담길 내용을 무술 감독에게 설명해야 합니다. 그 후에 실제 동작과 기교가 무술 감독의 지도하에 진행되는 겁니다.

가령 싸움판이 극장 앞에서 벌어지는 경우를 생각해 봅시다. 여러분은 먼저 고려할 점이 무엇이라고 생각해요? 나는 이 싸움판이 어떤 연유로 벌어진 것인지를 우선 설정합니다. 그리고 이 싸움판의 구경꾼의 규모를 정해야겠지요. 그 후에는 인물을 어디에 배치할 것인가를 고려하지요. 비중이 높지 않은 인물들의 세세한 동작까지도 정확하게 지시해야 합니다. 그러고 나서 싸움의 모양새를 어떻게 실감 나게 연출해 내는가 하는 문제가 바로 무술 감독의 역할인 것이죠. 예를 들면 유도를 하는 자와 머리를 잘 쓰는 자의 대결 장면이 있다고 합시다. 머리를 잘 쓰는 자가 유도하는 자를 거꾸러뜨리는 장면입니다. 우리는 겨루기의 시간 할애 정도와 두 사람의 동작의 차이를 고려해야 하지요. 그 과정에서 감독인 나보다 무술 감독의 의견을 존중해야겠지요. 이 경우 내가 반드시 옳지는 않아요. 그런데 가끔 무술 감독의 액션 지도에 황홀해하다 보면 내 일을 잊고 그 감독을 따라가는 일도 생겨요. (웃음) 무술인들이 현장에서 보여주는 좋은 액션을 받아들이는 것도 중요하지만 그것을 끌어가는 감독의 주관이 뚜렷해야 합니다.

학생 10…　그렇다면 감독님은 액션 장면 콘티를 무술 감독과 사전에 상의하시나요?

임권택…　물론 그렇습니다. 그림을 그리면서 자세히 설명해 보겠어요. 나는 전신을 그릴 때는 이렇게 그립니다(126쪽 아래의 그림). 남자를 그릴 때는 이렇게 그리고, 시선은 코로 나타내면 되지요. 코가 이쪽이면 시선은 이쪽을 향한 겁니다. 여자를 그릴 때면 이렇게 그려요(126쪽 위의 그림). 이제 액션 장면을 그려보죠. 여하튼 액션에서 이런 앵글이라면 다음엔 역 앵글이 나옵니다. 이때 액션에서는 역 앵글 가상선 안으로 이렇게 들어오는 수법을 많이 씁니다. 초기에는 세부적인 동작 자체 모두를 콘티 작업했어요. 그런데

「장군의 아들 1」에서 김두한이 어릴 적 친구이자 일본 폭력 조직원인 김동해와 대결하고 있다.

이 작업대로 영화를 찍어보니 재미가 없는 겁니다. 감독 혼자서 폭넓은 액션의
세계를 표현해 낼 도리가 없었어요. 그래서 현장에서 무술 감독과 상의하면서
더 좋은 액션 동작으로 콘티 자체를 수정해 갑니다.

학생 11…	액션 장면은 풀 숏보다는 클로즈 숏이 더 재미있을 것 같은데요.
임권택…	어느 숏이 더 재미있고 덜 재미있는지는 정해져 있지 않아요. 대결자 간의 정신적인 긴장감을 고조시킬 필요가

있을 때는 클로즈업이 필요해요. 그러나 과용하면 속도감을 이완시킬 수도 있
어요. 크기의 변화도 중요하지만 변화 없이 액션 자체에 맡겨 긴박감을 끌어내
는 방식도 있어요. 그건 액션 장면의 성격에 따른 선택의 문제이지 정해진 것
은 없다고 봐요.

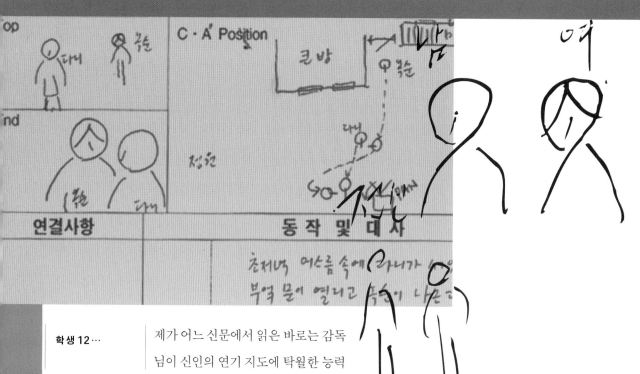

제가 어느 신문에서 읽은 바로는 감독
님이 신인의 연기 지도에 탁월한 능력

을 가지셨다고 하던데요. 저도 「장군의 아들」을 보면서 신
인들의 연기가 좋았다고 생각되었습니다. 특별한 연기 지
도 방식이 있으신지요? 그런데 최근 영화 「창」의 경우에는 제가 느끼기에 남자
신인 배우의 연기가 너무 어색했습니다. 감독님은 어떻게 생각하시는지요?

임권택⋯　감독이 잘못하면 사람들은 배우의 연기를 탓하게 되고,
배우가 연기를 잘하면 감독이 칭찬받는 경우도 있지요.
가령 「창」에서 그 배우는 연기를 잘했어요. 그런데 영화가 그 연기를 잘 살리지
못했던 거라고 보는 게 맞습니다. 현실에는 그 인물처럼 순수하고 소박하고 오
직 주기만 하는 인간은 없지요. 이 점도 그 인물의 연기를 어색하게 만든 요인
이 될 수 있어요. 여하튼 난 그 영화에 담고 싶은 것이 있었어요. 인생에서 가장
소중한 존재는 자신이 항상 갈망하는 것, 자신보다 더 멀리 그리고 높이 있는
것이 아니라 무심코 지나쳐버린 자신 주변에 있음을 말하고 싶었어요. 예전의
순수와 소박함을 간직한 채 무조건적인 사랑을 주기만 하는 인간을 비단 극중
의 창녀뿐 아니라 우리도 점차 잊는 겁니다. 욕망으로 가득한 세계로 눈을 돌
린 채 그 존재를 잊어버리는 거지요. 그래서 난 무언가 소중한 것을 영영 잃어
버리게 될까 두려워 그 존재성을 일깨워 주려고 한 겁니다. 그런데 그것을 영

학생 12⋯

화가 제대로 표현하지 못했어요. 따라서 연기자가 잘못한 건 없지요.

신인의 연기 지도는 특별한 방식보다는 연기자가 가진 재능을 끌어내는 데 있습니다. 이에 관해서는 마지막 강의에서 이야기하도록 하죠.

| 유지나··· | 그럼 이제 「길소뜸」으로 넘어갈까요? |

| 임권택··· | 「길소뜸」은 나로서는 중요한 작품입니다. 1985년인가 정확하게 연도는 기억나지 않지만 〈뮌헨 영화제〉였어요. 그 |

영화제에서 베를린 영화학교 교장과 얘기할 기회가 있었어요. 그 교장은 극영화뿐 아니라 다큐멘터리도 많이 찍은 감독이기도 했어요. 그는 「길소뜸」을 보고 난 후, 극영화가 다큐멘터리적 요소를 이렇게 잘 활용한 경우는 「길소뜸」이 처음이라면서 찬사를 보내더군요. 그리고 분단의 문제는 자신들도 이미 다루었지만 이 영화를 보고 나서는 자신들이 한 건 아무것도 없음을 깨닫게 되었다고 했어요. 그 당시 독일도 통일되기 이전이었지요.

그가 말하는 다큐멘터리적 요소는 KBS 이산 가족 찾기 프로그램과 연관이 있어요. 그때 나는 그 프로그램을 영화 속에 인용했어요. 그 사례 중 영등포역에서 헤어진 남매가 만나고, 일본 이름을 가진 남매가 식구들을 만나는 장면, 그리고 미국에서 온 한국 말을 다 잊어버린 여동생이 한국에 사는 오빠를 만나는 장면이 있어요. 내가 이런 사례들의 순서를 의도적으로 이렇게 배열한 겁니다. 바로 우리나라의 수난사를 배열하고 있는 거지요. 단지 헤어진 사람 간의 만남만이 아니라 거기에 분단을 둘러싼 한국의 역사적 배경이 함축되고 있는 거지요.

내가 「길소뜸」을 구상하게 된 것은 이산 가족 찾기 방송을 보게 되었을 때입니다. 상봉 장면에서 나도 모르게 눈물이 흘러요. 여러분도 기억하는지 모르겠네요. 그때 본 사람 있지요? 그때 많이 울지 않았어요? 그런데 울며 상봉하는 장면을 보면서 그 이후가 궁금해지기 시작했어요. 상봉의 기쁨과 감격 이후에 저 사람들의 관계는 어떻게 되는 건지 의문스럽더군요. 그 이후에도 행복할지 어떨지 궁금해졌어요. 그래서 일단 이산 가족 찾기 현장을 돌아다니면

서 영화로 만들어보자고 생각했지요. 5년 후든 10년 후든, 이 후의 그 가족들의
모습까지도 영화로 담겠다고 생각했어요.

그때 현장을 필름 2,000자나 촬영해 두었지요. 그래서 영화화하는 데 그리 오
래 걸리지 않았어요. 아마 그 방송이 1983년도에 방영되었고 1984년도에 영화
로 찍었지요. 그 이유는 만난 사람들의 그 후 상황에 대한 얘기가 들어오기 시
작했기 때문이지요. 주로 차라리 만나지 않은 편이 나을 뻔했다는 얘기였어요.
상봉하고 보니 현실적인 문제가 발생하는 거지요. 「서편제」에서도 잠깐 언급
했을 겁니다. 만났지만 서로 처한 현실이 좋지 않은 겁니다. 설사 잘사는 쪽이
있다 하더라도 못사는 쪽에서 계속 요구하는 게 많아지면 부담이 되는 거지요.
「길소뜸」처럼 실제로 친자 확인 검사해서 자기 자식임을 부인한 예도 있었어
요. 「길소뜸」에 나온 사례들은 이산 가족 찾기에서 있었던 사례를 전부 모아 극

「길소뜸」 화영이 KBS 본관 이산 가족 찾기
현장에 서 있다.

화한 겁니다. 그런데 이 불행한 사태의 원인에 대해 근본적인 물음을 던져본 적 있어요, 여러분? 그 당시 난 왜 우리가 이런 수난을 당해야 하는 건지 궁금했고 나름대로 생각했지요. 그리고 그 의문에 대한 답을 영화 속에서 관객들이 생각할 수 있었으면 했습니다. 역사가 개입되지 않을 수 없지요. 그래서 좋은 입지를 차지하려는 내륙 국가와 해양 국가 간의 끊임없는 전쟁에 시달린 약소 민족이라는 피해 의식, 그리고 긴 세월 남북 간의 분단 과정에서 생긴 이질감도 영화 속에 담으려고 했습니다.

여하튼 이번 시간에는 이산 가족 찾기 현장을 2천 자 찍어서 어떻게 이 영화에 활용하고 있는가를 여러분에게 설명하겠어요. 우선 스크린 프로세스 방식을 이용했지요. 뒤에서 배경을 영사하고 앞에서는 연기자가 연기하는 형식이지요. 전체적인 이산 가족 찾기 현장은 스크린 프로세스를 이용했고 부분적인 현장 촬영은 재현한 세트로 찍었어요.

| **유지나**… | 다큐멘터리 장면을 영화 속에 사용하는 것에 대해 KBS와 사전에 어떤 협의를 하셨나요? |
| **임권택**… | 로열티 이야기를 하는 것 같은데 그때는 그냥 썼지만 지금은 그렇게 해선 안 되지요. (웃음) 현장은 시네마스코프 |

크기로 찍었어요. 이 부분(화영이 계단 위쪽에서 이산 가족 찾기 현장을 내려다보는 장면)이 스크린 프로세스로 처리한 부분입니다. 계단 밑에서 사람들이 이산 가족을 찾는 부산스러운 장면을 그때 현장에서 찍어놓았지요. 이런 것은 대형 화면으로 자세히 봐야 알 수 있는데. 비디오를 보면서 설명하다 보니 여러분이 잘 이해할 수 있을지 모르겠습니다. 훌륭하다고 볼 수는 없지만 별로 어색하지 않게 처리되어 사실감을 주고 있습니다.

여기(111쪽 사진 참조)는 김지미 씨가 신성일 씨와 재회하는 장면이지요. 어떤 이들은 이 부분을 문제삼고 있어요. 어떻게 30년 동안 헤어져 있다가 만났는데 쓱 지나가다가 단번에 알아볼 수 있는가 하면서요. 그런데 여러분들이 「길소뜸」을 다시 볼 때, 연기자들의 연기를 주의해서 보세요. 특히 김지미, 신성일, 한지일 이 세 사람의 연기를 보면 정말 무리 없이 잘 해내고 있다는 것을 알수 있어요. 사실 신성일이 맡은 인물은 자식을 찾기 위한 것도 있지만 옛날 헤어진, 지금도 여전히 사랑하고 있는 여자를 혹시 만나지 않을까 해서 이산 가

족 찾기 현장에 와 있었던 겁니다. 그는 자신이 사랑하는 여자를 찾던 도중에 신세 지게 된 집 딸과 결혼해서 애를 다섯이나 두고 가난하게 살고 있단 말이지요. 하여튼 사랑하는 여자를 못 잊어하면서 죽은 세월을 살고 있던 사람인데, 그런 배경을 알게 되면 이렇게 쓰윽 지나가다가 그녀를 알아보는 것도 전혀 무리가 없는 것이죠.

그리고 이 영화 마지막 부분에 대해 얘기하겠습니다. 여자 주인공이 남자 주인공에게 남편 명함을 주고 가는 장면이 있어요. 명함을 보면 건설 회사 대표인 남편 이름과 직위가 적혀 있고 라이온스 클럽 회원임을 알려주는 표식이 있어요. 그녀가 이 명함을 주는 것은 다시는 자신을 생각하지 말라는 의미입니다. 그런데 이 영화가 해외 영화제에서 상영될 때 이 명함 부분을 영어로 자막 처리하지 않은 겁니다. 그래서 오해를 샀지요. 그 여자가 자기 명함을 준 것이고 그것은 다음에 연락하라는 의미라고 외국인들은 이해하게 된 것이죠. 이런 사소한 실수가 영화적 의미를 바꾼 셈이지요. 여러분들이 언제 영화를 만들어서 영어 자막을 넣어 해외로 보낼지 알 수 없지만 그런 기회가 생길 때 이런 세세한 부분에서 실수하지 마세요.

그리고 냉정하게 남편에게 돌아가던 여주인공이 양심의 가책을 느껴 자동차를 반대 차선으로 잠깐 돌렸다가 가던 길로 다시 가는 장면이 있어요. 어느 평론가는 그게 이 영화의 결정적인 흠이라고도 합니다. (웃음) 그는 이 영화를 냉정한 영화로 만든 것에 대해 불만이 많았던가 봐요. 그런데 이 영화의 결론은 현

왼쪽 | 「길소뜸」 어린 시절의 동진과 화영이 사랑을 나누고 있다.
오른쪽 | 「길소뜸」 한국 전쟁을 재현했다.

「길소뜸」 동진과 화영이 포장마차에 앉아
대화를 나누고 있다.

실적이고 잘된 겁니다.

유지나… 지난 학기에도 작가론 시간에 「길소뜸」을 학생들과 같이 본 적이 있습니다. 「길소뜸」은 사실과 허구의 접목을 영화의 문제 설정에 중요한 토대로 이용하고 있다는 점에서 뛰어난 작품이라고 생각합니다. 그리고 과거와 현재를 교차해서 보여주는 것도 극의 이해를 돕고 있지요. 그런데 바로 그 부분, 그러니까 과거 두 주인공이 연애하고 여자가 애를 낳기까지의 과정을 보여주는 회고 장면(130쪽 사진 참조)에서 학생들이 굉장히 많이 웃었던 게 생각납니다. 영화상 전혀 코믹하지 않은 설정인데 지금 학생들은 희극적으로 받아들인 것이죠.
왜 그랬을까 제가 나름대로 생각해 봤더니, 냉엄한 현실 논리를 가진 이 영화에서 과거 남녀의 연애 모습은 너무 낭만적으로 그려졌기 때문에 어색했을 수 있거나, 혹은 그런 모습들이 다소 정형화된 틀에서 묘사된 것처럼 보였기 때문이 아닌가 싶더군요. 이 점에 대한 감독님의 생각은 어떻습니까?

임권택… 영화제 때 이 영화를 다시 본 적이 있어요. 그때 나도 학생들이 웃은 대목에서 웃었어요. 그 장면이 너무 어설프게 보인 겁니다. (웃음) 그건 이 영화의 토대를 보면 좀 해명이 됩니다. 언젠가 영화진흥공사에서 영화 소재를 공모했어요. 마침 내가 심사 위원이었는데 「길소뜸」이라는 제목의 시나리오가 있었어요. 헤어진 여자를 못 잊고 평생을 그리워하면서 사는 남자 얘기인 멜로드라마였어요. 나는 제목도 좋고 소재도 괜찮고 해서 이산 가족 찾기에서 얻은 사례들과 함께 엮어 「길소뜸」 영화를 만들게 된 겁니다. 상관없는 에피소드를 하나의 이야기로 이끌어가자니 이런 데서 무리가 발생한 것 같아요.
참고로 「길소뜸」에 대한 일본 쪽 영화평을 하나 소개하겠어요. 이 평론가는 우리나라에 대해서 잘 모르는 사람이었어요. 그런데 나는 그의 영화평을 읽고 놀랐어요. 나조차도 미처 몰랐던 부분을 평론가가 끄집어내서 놀란 적이 있다고 전에도 말했지요. 이 평론가의 글도 그래요. 그는 이 영화가 현실은 굉장히 냉엄한 앵글로 찍어냈고 회상은 굉장히 서정적으로 정감 있게 찍어냈다고 평했어요. "어린 시절의 두 사람의 추억과 사랑의 장면은 서정적이고 아름답지만, 자식을 만나서, 속되고 가난한 그가 생활에 몸부림치는 것을 바라보는 현대의 시선은 차디차다. 그것은 연출 자체도……. 그의 호소에 귀를 막는 영화의 냉정함은 눈이 휘둥그레지게 만든다."

또 한 치의 감상도 개입시키지 않고 냉혹한 현실을 그대로 아주 냉정하게 보여주고 있음을 설명하는 부분이 있어요. "물론 한국을 이런 상황에 빠뜨린 열강에 대한 비판도 나와 있지만, 그 이전에 임권택은 같은 나라 사람에 대해서 무의식적인지는 모르지만, 실망과 분노를 느끼는 건 아닌가라는 생각을 갖게 한다."

이렇게 영화 감독의 깊은 의식까지 표현하는 평을 읽으면서 혹시 내가 그랬을지도 모르겠구나 하는 생각을 해본 적이 있어요.

여하튼 나는 감독으로서 살아오는 동안 우리 삶을 천착하고 그 삶을 영화에 담으려고 애썼어요. 「장군의 아들」 같은 오락 영화를 해서는 안 된다는 얘기는 아니지만, 만약 그런 오락 영화만을 해왔다면 내가 영화 감독으로서 이렇게 오래 생명력을 유지할 수 있었을까요? 무엇을 소재로 영화에 담을 것인가 하는 문제는 그래서 중요하다는 점을 여러분에게 꼭 이야기해 주고 싶습니다. 이제 여러분들의 이야기를 듣도록 하지요.

학생 13··· 감독님께서는 두 부부(신성일과 오미희)가 누워 있는 장면(132쪽 사진 참조)을

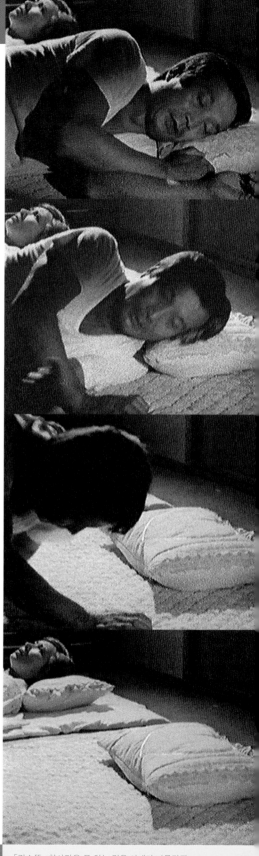

「길소뜸」 첫사랑을 못 잊는 것을 아내가 나무라자 동진이 자리를 피한다.

롱 테이크로 상당히 긴 시간 촬영하셨어요. 특별한 의미가 있습니까?

임권택 … 상당히 긴 롱 테이크지요. 우선 누워 있는 두 사람을 카메라가 측면에서 잡고 맨 마지막에 부인이 일어나는 것을 팬 업해서 잡고 있지요. 대사를 보면 부인이 다른 여자를 그리워하고 찾아 헤매는 남편을 추궁합니다. 남편은 부인에게 미안해하며 일어나 담배를 피우는데 그 장면을 프레임 아웃시키지요. 부인이 남편의 면전에 직접 대놓고 퍼붓는 장면을 일부러 피하기 위한 연출이지요. 만약 두 인물을 한 공간에 함께 위치시켜 부인은 추궁하고 미안한 남편은 고개를 숙인 채 담배를 피는 모습을 관객에게 보였다면 관객은 남편에 대한 부정적인 감정을 갖게 될 겁니다. 바로 남편에 대한 관객들의 혐오스러운 감정을 자연스럽게 걸러내기 위한 연출인 거지요. 나름대로 만족스럽게 생각하는 잘된 장면이었어요.

학생 14 … 지난번 「서편제」의 송화와 동호의 해후 장면에서 감독님은 말 한마디 나누지 못한 채 각자의 길로 갈 수밖에 없었던 현실을 설명하셨지요. 「길소뜸」도 마찬가지로 설명하셨어요. 제가 보기에는 그전에 만드신 「왕십리」도 같은 맥락을 가지고 있다고 보는데요. 그렇다면 감독님은 그러한 운명적 만남에 대해서 부정적인 입장이신지요?

임권택 … 이산 가족 찾기에서도 보세요, 화면에서는 만남 자체가 행복인 것처럼 보이지만 실상 현실로 돌아오면 계속 행복할 수는 없지요. 여러분도 아시겠지만 산다는 게 늘 행복할 수는 없어요. 살다 보면 불행할 때가 있고 무언가 늘 채워지지 않지요. 영화는 항상 행복을 보여 주면서 현실의 위안이 되어왔지요. 그러나 나는 현실을 그대로 드러내고 싶었어요. 객관화된 현실을 보며 관객들이 나름대로 현실을 직시하고 생각하는 시간을 갖도록 말입니다. 시간이 다 되었습니다. 오늘은 여기서 마치고 다음 시간에 만나도록 합시다. ■

익숙하지만 낯선 이미지,
팔려 나가는 여성들

임 권 택···	오랜만입니다.
학 생 들···	안녕하세요?
임 권 택···	오늘은 「티켓」과 「씨받이」에 관해서 얘기하겠습니다. 특히 「씨받이」는 1986년도 작품인데 당시 국내 개봉에서는 관객들에게

외면당했어요. 그런데 의외로 해외 영화제에서는 호평을 받았던 작품이지요. 특히 〈베니스 영화제〉에서 시사 후 5분여 동안 박수 갈채를 받고 어떻게 해야 할지 당황했던 기억이 나는군요. 국내에서는 외면당한 영화가 해외에서 좋은 호응을 받는 현상에 대해서 여러분은 어떻게 생각하는지요? 아마 '씨받이'라는 소재가 국내에서는 너무 잘 알려져 있고 흔했기 때문이었을 겁니다.

「씨받이」로 들어가기 전에 「티켓」에 관해 잠깐 얘기하고 넘어가도록 합시다. 「티켓」

위 |「티켓」(1986), 윤락 여성의 삶을 통해 여성의 상품화가 사회 구조적 문제임을 보여주었다.
아래 |「씨받이」(1986), 대를 이은 씨받이 여인의 운명을 통해 유교적 가부장제 사회에서의
여성의 고통을 그려냈다.

은 전 작품에서 쌓인 피로를 풀기 위해 정일성 촬영 감독과 강원도 속초로 여행 갔다가 얻은 소재를 영화화한 겁니다. 어느 다방에서 차를 마셨는데 그곳에서 다방 종업원들이 티켓을 판다는 얘기를 들었지요. 여행에서 돌아온 후에 송길한 시나리오 작가에게 연락해서 함께 다시 그 지역으로 갔어요. 그리고 티켓을 사서 다방 종업원을 데리고 다니면서 취재한 끝에 「티켓」을 찍게 된 겁니다. 그 영화를 찍고 난 후 속초 다방 업자들에게 굉장한 미움을 샀어요. (웃음) 여러분도 지명을 언급할 때 조심해야 합니다. 내가 그 영화의 배경이 속초라고 알리고 찍었거든요. 영화가 상영된 후 남편이 그런 장사를 하는 줄 모르던 부인들이 놀라고, 촬영 장소를 빌려줬던 다방 업자는 쫓겨나는 사태가 일어났었어요.

유지나… 「티켓」에서 보면 티켓으로 팔려다니는 아가씨들의 캐릭터가 다양한데 그 캐릭터 구성이 「창」과 비슷하다는 생각이 들었어요. 물론 「창」은 좀더 노골적인 매춘이고, 「티켓」에서는 은닉된 매춘으로 드러나는 차이가 있지만 내용은 같은 것이죠. 여하튼 몸 파는 여성들의 세계, 특히 그중 한 여성이 망가져가는 모습을 추적해 나가는 내러티브 구조가 비슷하고 캐릭터를 몇 가지 유형으로 분산시켜 진행시키는 방법이 유사하다고 생각되는데요.

임권택… 얘기를 들고 보니 그럴 수도 있겠구나 하는 생각이 드는군요. 그러나 나는 「창」을 「티켓」과 연관지어 생각해 본 적이 없어서 답변하기 힘드네요.

유지나… 결국 감독님께서는 그런 팔려가는 인물을 보여주시면서 상품화되는 여성에 대한 문제 제기를 하신 것으로 보입니다. 이때 한 주인공 중심이 아닌, 캐릭터를 분산시키는 방식은 결국 인물 중심의 드라마보다는 매매춘이라는 문제의 핵심에 집중하려는 것으로 보이는데 어떻게 생각하십니까?

임권택… 「티켓」은 다섯 명의 배역이 주요 인물입니다. 특히 마담과 막내의 역할이 중요했어요. 다섯 명의 환경을 모두 따라갈 수 없었기 때문에 막내의 가정 환경을 보여줌으로써 나머지 사람들도 똑같지는 않겠지만 비슷한 상황에 놓여 있음을 보여준 거지요. 그 환경이 이들로 하여금 티켓을 팔게끔 몰아가고 있다는 것을 보여주고 싶었어요.

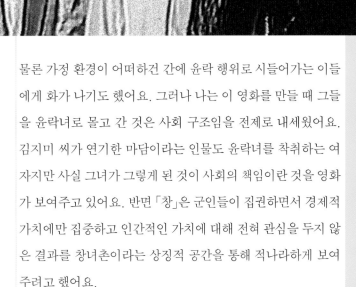

물론 가정 환경이 어떠하건 간에 윤락 행위로 시들어가는 이들에게 화가 나기도 했어요. 그러나 나는 이 영화를 만들 때 그들을 윤락녀로 몰고 간 것은 사회 구조임을 전제로 내세웠어요. 김지미 씨가 연기한 마담이라는 인물도 윤락녀를 착취하는 여자지만 사실 그녀가 그렇게 된 것이 사회의 책임이란 것을 영화가 보여주고 있어요. 반면「창」은 군인들이 집권하면서 경제적 가치에만 집중하고 인간적인 가치에 대해 전혀 관심을 두지 않은 결과를 창녀촌이라는 상징적 공간을 통해 적나라하게 보여주려고 했어요.

그리고 지금 우리 사회에서 절실히 필요한 것이 무엇인지를 길룡이 같은 순수하고 깨끗한 이미지를 통해 보여주고 싶었던 겁니다. 인간은 때로는 정말 필요하고 소중한 것을 간과해 버리는 경우가 허다합니다. 그리고 그걸 깨닫게 되는 순간은 이미 늦지요.「창」의 창녀도 자기 인생에서 가장 소중한 존재에 대해 처음에는 알아차리지 못해요. 그러고는 자신이 막다른 길에 놓일 때서야 길룡이가 얼마나 소중한 존재인지를 알아차리지요. 그러나 이미 늦었지요.「창」에 이 모든 것을 담으려고 했는데 결국 실패했지요. 다시 찍는다면 외설스러운 영화로 몰리지 않고

왼쪽 |「티켓」의 다방 마담 민지숙 역의 김지미,
전세영, 안소영, 이혜영, 명희.
오른쪽 | 주인공들이 티켓 다방에 모여 있다.

상당히 좋은 영화로 평가받을 수 있으리라고 생각하는데,
아쉬운 영화예요.

유지나… 다시 「티켓」으로 돌아가 질문을 드리
죠. 이 영화에서 저는 이른바 성을 상품
화하는 자본주의 사회, 더 정확히 말하면 남성 중심 자본주
의 사회에 대한 감독님의 비판적인 시선을 느꼈습니다. 동
시에 감독님이 다른 감독보다 문제 의식을 영화 내러티브로
소화해 내는 능력이 탁월하고, 그것이 오늘날 감독님의 위
상을 담보하게 됐다고 새삼 인식하게 되었어요. 예를 들면,
마담이 계산하는 장면이 여러 번 영화 속에 나타납니다. 그
것은 마담이 성을 상품으로 삼아 장사하고 있음을 내놓고 보
여주는 것이죠. 다방 종업원이나 윤락녀를 소재로 다룬 수
많은 한국 영화들 중에서 「티켓」처럼 상품화된 성, 물질 만
능주의 속에서 타락한 여성의 문제를 적나라하게 보여준 경
우가 거의 없었거든요. 결국 윤락 행위는 여자가 원해서 선
택한 직업이기보다 어쩔 수 없이 돈을 벌기 위한 것이라는
자본주의의 그늘을 다루고 있어요.

그러나 한편으로는 실망스러운 장면들이 눈에 띄기도 합니
다. 그것은 감독님의 영화에서 간혹 발견되는 불균질성이기
도 한데요, 예를 들면 막내의 경우 너무 이상화되거나 유형
화되어 리얼리티가 떨어집니다. 「티켓」을 학생들과 함께 볼
때 막내의 대학생 애인(139쪽 사진 참조)이 등장하는 장면에서
웃음이 나온 것도 어울리지 않은 유형화 내지는 과잉된 낭만
화의 결과인 것 같습니다. 막내의 애인이 대학생치고는 나이
든 아저씨처럼 보여 캐스팅에서 잘못된 것이 아닌가 생각했
어요. 막내의 의상도 다방 아가씨에게는 어울리지 않고 순진
함을 과장해 보이는 장치로만 기능합니다. 막내와 대학생 애
인의 정사 장면도 상당히 길고 클로즈업 앵글이 많이 들어가
다른 영화에 나오는 관음적인 정사 장면과 다를 바 없어 보였

「티켓」 미스 양이 영화 관계자에게 배우가 되게
해달라고 조르고 있다.

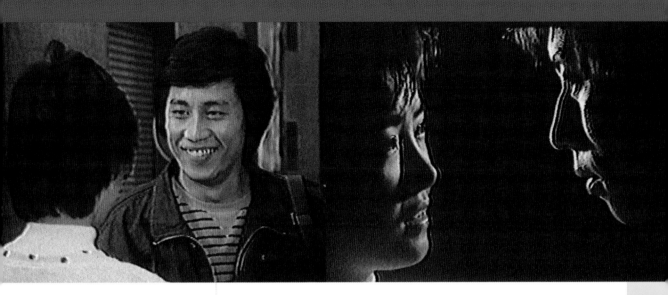

어요. 위에서 언급한 것들은 제가 보기에는 영화가 담아내고자 하는 문제 의식이나 내러티브 질서에 불필요하고 어색한 부분이거든요. 감독님께서는 그 점에 대해 어떻게 생각하시는지요? 흔히 이럴 때 감독들은 제작자의 주문 때문이라며 빠져나가기도 하는데요…….

임권택⋯ 제작자가 요구한 것은 아닙니다. 언젠가 얘기했는지 모르겠어요. 사실 감독은 제작자와 공생 관계입니다. 제작비가 있어야 좋은 작품을 연출할 수 있는 거지요. 그런데 이런 생각이 내게 너무도 강박 관념처럼 자리 잡은 것 같아요. 가끔 좋은 작품을 하면서도 흥행을 생각하게 됩니다. 그러다 보니 무의식적으로 사족이 붙는 경우가 생기지요. 특히 정사 장면을 찍을 때 그렇지요. (웃음) 물론 나쁜 습관이지요.

그리고 대학생 애인에 대해서 언급하겠어요. 사실 나는 대학생으로 보인다고 생각해서 배역을 그 연기자에게 맡긴 겁니다. (웃음) 원래 계획대로라면 오히려 그가 대학생처럼 보이지 않은 게 잘된 일이지요. 그는 가짜 대학생이거든요. 여자를 속여 섹스를 탐하고 돈을 우려먹는 인물로 처음에는 설정했으니까요. 반면에 배우 지망생 여자들을 농락하기 위해 연기 지도를 한다면서 접근하던 영화인(138쪽 사진 참조)은 리얼리티가 있게 연출했습니다. 여러분이 그 부분도 지나치다고 생각할 수 있지만 실제로 그런 사람들이 한때 있었지요. 내 영화에는 근거 없는 픽션은 없어요.

이제 「씨받이」로 넘어가지요. 「씨받이」는 1998년 〈샌프란시스코 영화제〉에서

「티켓」 가짜 대학생 민수가 미스 윤을 만남.
과잉된 낭만화이자 보여주기용이라는 혐의를
받기도 하는 미스 윤과 민수의 키스 장면.

영화 상영 후 관객들이 뽑는 인기 영화 투표에서 1위를 하기도 했어요. 그 영화제는 단편 영화를 포함해 175편이 출품되는 큰 규모의 오래된 영화제입니다. 그런데 이런 영화제에서 10여 년 전에 찍은 영화가 인기 순위 1위로 상을 받았다는 건 해외 영화 시장에 대해 새롭게 인식할 필요가 있다는 것을 보여줍니다. 이제 한국 영화가 국내 시장뿐 아니라 해외 시장을 겨냥해서 작품을 만들어야 하는 시대로 접어들고 있다는 것을 시사하는 것이죠.

그러면 왜 이 영화가 외국인에게 호평을 받았는가에 대해 말하기 전에 먼저 짚고 넘어가야 할 것이 있어요. 내가 왜 하필이면 씨받이를 소재로 선택했는가 하는 문제입니다. 당시 내 어머니께서는 내가 영화를 찍는다고 밖으로 떠도는 것을 못마땅해하셨어요. 장남인 내가 제사에도 빠지고 집안을 소홀히 했거든요. 나는 나름대로 장남의 짐이 너무 무거워 어머니와 몇 차례 불화를 겪었습니다. 그러면서 나는 한국의 남아 선호 사상, 그리고 장손이 대대로 제사를 지내야 하는 문제에 대해 깊게 생각해 보게 되었어요. 때마침 누가 〈씨받이〉라는 제목의 시나리오를 주더군요. 그 시나리오는 온통 남자 아이를 낳기 위한 방법들을 저속하게 표현한 것이었지요. 그래서 처음에는 그 시나리오에 관심이 없었어요. 그런데 차츰 어머니와의 불화의 원인이 무엇인가 생각하면서 나 스스로 관심을 갖게 된 남아 선호 사상과 제사 문제가 그 시나리오와 무관하지 않은 걸 발견한 겁니다. 그래서 시나리오를 새로 쓰기 시작했어요. 송길한 작가와 같이하기로 했는데 그가 다른 영화를 촬영하고 있던 터라 시나리오를 완성하지 못한 채 큰 줄거리만 써서 그 상태로 일단 촬영을 시작했지요.

여기서 또 한 가지 언급할 점은 연기자 선택입니다. 아주 중요한 부분이거든요. 특히 왜 강수연이라는 연기자를 선택했는가 하는 문제이지요. 「씨받이」에서 여주인공은 열일곱 살의 건강한 산골 처녀이면서 어느 정도 요염한 분위기를 갖춘 인물이어야 했어요. 그리고 씨받이로서 산고를 치르고 자식을 빼앗기고 쫓겨나는 시련의 감정을 표현해 낼 수 있는 연기자라야 했지요. 당시 나는 TV에서 강수연 양이 고등학생으로 출연하는 드라마를 본 적이 있는데, 그때 강수연에게서는 어리지만 어린 사람답지 않은 면이 강하게 보였어요. 그래서 곧 강수연 양을 주연으로 캐스팅했어요.

로케 현장은 보쌈 마을이었어요. 초가가 있는 그 마을에서 일주일을 보냈는데 촬영한 것이라고는 강수연이 송아지 쫓는 장면과 엄마와 헤어지는 장면뿐이었지요. 조금 전에도 얘기했듯이 구체적인 전체 시나리오 없이 진행되었기 때문에 연출부나 연기자들이 당황했지요. 대구 문씨 문중의 제각을 빌려 제사에 대해 찍을 때도 강수연 양이 등장하는 부분은 계속 미루어졌어요. 왜냐하면 스태프 전원이 이 영화의 윤곽을 알아차리는 데 시간이 필요했고 나 자신도 더 깊이 생각해야 했거든요. 연기자도 배역을 소화하는 데 시간이 필요했지요. 그런데 어느 날 강수연 양이 제작 부장에게 내가 자신을 왜 미워하는지 모르겠다고 했답니다. 계속 강수연을 찍지 않으니까 오해한 것이죠. (웃음) 그러다가 현장에 익숙해지면서 본격적으로 촬영에 들어간 후에는 일사천리로 찍어낸 영화가 바로 「씨받이」입니다.

영세한 영화사가 제작을 맡았기 때문에 시간과 경비가 충분하지 않았던 것도 큰 어려움이었습니다. 아마 촬영 기간이 한 달도 채 걸리지 않았을 겁니다. 서울 촬영을 포함하면 한 달 조금 넘었지요. 반면 감독인 나 자신에게 이 영화를 연출하는 데 가장 큰 도움을 준 것은 체험의 세계입니다.

연기자도 마찬가지라고 생각합니다. 가령 출산하는 장면(145쪽 사진 참조)이 이 영화에 있어요. 강수연 양이 그때 스무 살인데 애 낳아본 적이 없는 아가씨여서 그 장면의 연기가 보통 힘든 일이 아니었지요. 출산 과정이 담긴 비디오테이프를 보며 연구를 많이 했어요. 나는 이 장면 연출이 나름대로 잘되었다고 보는데 그 이유는 직접적인 경험을 재현하고자 했기 때문이지요. 우리 첫째 애를 낳는 장면을 직접 겪었거든요. 처음에 나는 의사가 시키는 대로 아내에게 몇 분 간격으로 진통이 오는지 노트에 적는 것부터 시작했어요. 진통이 너무 자주 오면 어떻게 적어야 할지 당황했어요. 그리고 산모가 고통스러워 "나 도망갈 거야."라고 하는데 기다릴 수만은 없더군요. 결국 분만실에 직접 들어가서 그 힘겨운 과정을 지켜보았습니다. 나는 그 과정을 보면서 "아비한테는 몰라도 어머니한테 불효하는 놈은 마른 하늘에 벼락을 맞아 죽겠구나." 하는 생각이 들더군요. 산통을 이기고 애를 낳는 일이 정말 숭고하게 느껴지기도 했어요. 여하튼 이것은 내가 겪은 소중한 체험 몇 가지 중 하나였고, 그 때문에 「씨받이」에서 산고를 겪는 장면을 상당히 잘 찍어낸 것 같아요. 하여튼 「씨받이」의 출산 장면은 우리 집사람 출산 장면을 거의 복사하다시피 했어요.

이 장면(142쪽 사진 참조)에서 윤양하 씨(숙부 역)는 다른 한 사람과 길을 가면서 풍속에 대해 얘기하다가 집안의 대를 잇기 위해 씨받이를 구하겠다는 말을 하고 있어요. 이건 말이 안 되지요. 중대사는 둘만의 공간에서 은밀하게 결정하고 이행해야 하지 않겠어요? 다 듣게 길을 거닐면서 하지 않지요. 그리고 윤양하씨와 강수연 양이 마주치는 이곳은 옥문골이라는 여자 음부처럼 보이는 산 입니다. 이 산은 1972년 「잡초」를 촬영할 때 눈여겨보아 두었지요. 그 후 이 영화에서 적절하게 이용하고 있는 겁니다. 언젠가는 유용하게 쓰일 만한 대상이나 장소가 있을 때 머릿속에 기억하거나 기록하는 습관은 감독에게 중요하다고 봅니다. 한번은 김용옥 교수와 함께 자리한 적이 있어요. 그분이 그러더군요. 내가 전국을 내 것인 양 저장해 놓고 쓰고 있다고요. 과장된 표현이지만 여하튼 나는 영화에서 그런 습관 덕을 많이 보았어요. 여기(143쪽 사진 참조)서도 강수연 양의 복장을 보면 어색해요. 시골에서 사는 애가 아무리 처녀라고 하더라도 일할 때 깨끗한 옷을 입고 있으니 말이 안 되지요.

이 영화에 대한 자료는 고려대학교에서 발간한『한국 민속 대관』을 많이 참고했어요. 그리고《조선일보》에 칼럼을 쓰시는 이규태 선생이 씨받이였던 사람을 만나 인터뷰한 자료를 많이 참고했지요. 그 자료를 사전 양해도 없이 사용하는 바람에 그분께 원망을 사기도 했어요. 그 자료들은 한편으로는 재미있지만 한편으로는 말도 안 되는 것들로 가득해요. 만약 이 영화에서 씨받이들이 잉태하기 위해 썼던 기이한 방법들을 재미로 보여주었다면 지금처럼 평가받지는 못했을 겁니다. 당시 양반 가문 대를 이어야 하는 문제, 예로부터 내려오는 제사나 제의 문제, 이 모든 것이 씨받이와 어우러져 문제 의식을 던져주기 때문에 좋은 작품이 되었다고 봅니다.

「씨받이」 숙부와 최풍수가 길을 가며 씨받이에 대한 얘기를 나누고 있다.

「씨받이」 씨받이를 구하러 가던 숙부와 최풍수가
송아지를 쫓고 있던 옥녀와 마주친다.

씨받이가 살고 있는 별당은 세트로 지었어요. 세트 밖은 자연 광선이지만 세트 내부는 인공 조명입니다. 그런데 우리 조명 기구로는 자연 광선과는 차이가 날 수밖에 없어요. 그러나 야간 촬영인 경우는 안과 밖 모두 인위적인 광선을 이용하기 때문에 세트와 실제 건물이 한 집처럼 자연스럽게 연결되어 보이는 데 무리가 없었지요.

이 장면(148-149쪽 사진 참조)은 음악이 호소력을 갖고 있어요. 씨받이와 양반 자제가 서로 좋아하지만 격리당해 있어요. 그래서 서로 그리워하는 느낌을 보여주는 장면이 바로 이 부분입니다. 안숙선 씨의 구음이 그것을 설득력 있게 해주고 있지요.

우리가 처음 이 영화로 해외 영화제에 갔을 때입니다. 이 구음에 대해 한 외국인이 질문했어요. 그런데 그 질문이 너무 황당했지요. 「황야의 무법자」를 모방한 게 아니냐는 질문이었거든요. (웃음) 우리 음악에 대한 무지가 불러일으킨 오해지요. 그러나 지금은 어느 정도 우리 음악이 알려져 있기 때문에 그런 황당한 질문을 받지는 않습니다.

이 부분(147쪽 사진 참조)은 우리 제의의 일관성 없음과 모순을 지적하고 있어요. 이것이 결국 훗날 「축제」로 연결된다고 볼 수 있지요. 여하튼 그전부터 내가 우리의 제사, 장례식 관습에 대해 갖고 있던 문제 의식을 보여줍니다. 이 부분은 유교 질서 속에 편입되어 있는 선비들의 모습과 정사를 나누는 두 남녀의 이탈된 면을 같이 물려서 효과적으로 찍으려고 했어요. 그러나 좀 실패했어요. 정사 장면과 선비들의 대화 장면을 거리를 단축시켜 망원 렌즈로 찍었다면 한층 대조적인 효과가 살아났을 텐데 광량이 너무 부족했지요. 그래서 광각 렌즈를 어깨에 걸고 찍었지요. 그 장면을 롱 테이크로 찍어서 하나의 숏으로 처리했다면 훨씬 좋은 장면이 되었을 텐데 하는 아쉬운 느낌이 드는 부분입니다.

결국 「씨받이」는 유럽, 특히 영화 관계자들에게 호평을 받았고 당시 나는 그들과의 대화에서 우리나라의 남아 선호 사상을 비판적으로 얘기한 적이 있어요. 그런데 지금은 후회가 들기도 해요. 한국이라는 토양에서 살아온 사람들은 논리적이든 아니든 그 토양에서 우러나온 것을 절대적으로 부정할 수 없어요. 유교적 남아 선호 사상도 그런 맥락으로 본다면 무조건 비판적으로 매도할 수만은 없지요. 장례식의 모순에 대해서도 욕만 할 수 없어요. 죽은 자의 명복을 위해 여러 가지 좋은 것들을 마련하다 보니 모순 덩어리의 제의가 된 거지요. 그리고 추석 같은 큰 명절을 생각해 봐요. 교통이 마비될 정도로 제사에 참여하고자 하는 한국인의 심성을 논리로만 비판할 수 있겠어요? 물론 악습, 인습은 타파해 나가야 합니다. 단지 내가 말하고자 하는 것은 현상이 나쁘다고 해서 무조건적으로 비판만 할 것이 아니라 그 현상과 그 배경에 대한 깊은 이해가 선행된 후에 비판적 틀을 세워야 한다는 겁니다.

조금 전에도 말했지만 「씨받이」는 유럽, 특히 프랑스에서 호응이 좋았어요. 물론 당시 세계적으로 대리모가 화제가 되었던 무렵이기도 했지만, 그때 베니스에서 같이 경쟁했던 「굿바이 칠드런」이라는 유태인 학살을 다룬 루이 말의 영화가 최우수 작품상을 탔는데, 유럽 영화는 이미 매너리즘에 빠져 있었지요. 물론 그 영화가 완성도 측면에서 흠잡을 데 없이 좋은 작품이었지만 새로운 느낌의 영화가 아니라는 점에서 문제가 제기되었다고 합니다. 반면 「씨받이」는 그들에게 신선한 영화로 다가간 거지요. 우리는 이 점에 주의를 기울여 볼 필요가 있어요. 우리는 결코 미국 영화를 따를 수 없죠. 우리 고유의 문화와 전통을 영화 속에 담아내어 차별성을 두는 방식을 선택해야 합니다. 글쎄, 여러분 세대는 다를 수 있지요. 하여튼 우리만이 가진 문화적 개성이 담긴 10여

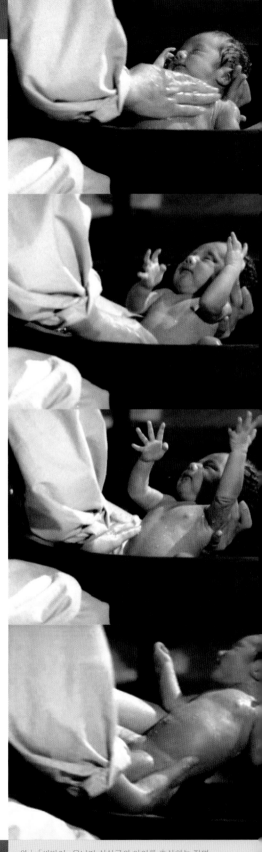

년 전 영화가 해외에서 지금도 재미있는 영화로 평가되고 있는 데 대해 여러분
도 한번 생각해 보세요.

| 유지나… | 감독님이 제기하신 문제를 제가 받겠습니다. 국내에서 외
면당한 10여 년 전에 만든 영화가 외국에선 왜 인기 있는가 |

하는 물음인데요, 그런 작품을 때로 당대의 저주받은 걸작이라고 하기도 합니
다. 감독님 영화뿐만 아니라 그런 영화가 다른 나라에도 꽤 많아요. 구로사와 아
키라 감독의 영화도 그랬지요. 일본에서는 구로사와를 "영화 황제"라고도 하지
만 대중에게 인정받지 못하거든요. 오히려 프랑스나 유럽 사람들이 구로사와를
더 좋아해요. 그러면 우리나라에서 「씨받이」가 외면당한 이유는 무엇인가를 생
각해 보지요. 물론 감독님께서 설명하신 면도 있습니다. 그런데 제가 듣기로는
당시 그 영화가 상업 영화의 틀에서 시장의 법칙에 의해 변두리 삼류 에로물로 구
분되었기 때문에 대중이나 비평가들이 그 작품을 제대로 평가하지 못했다고 하
던데요. 그 측면은 기획과 홍보 마케팅에서 일어난 문제일 수 있다고 봅니다.

| 임권택… | 그러나 관객조차 외면한 것에 대해서는 그 이유가 설득력
이 없지요. 내가 보기에는 씨받이라는 소재 자체의 문제 |

가 가장 큰 이유 같아요.

| 유지나… | 10년 전이라면 사극 에로 영화가 한창 유행하던 시기입니
다. 「변강쇠」 시리즈가 있었지요. 그리고 그전에 나온 「물 |

레야 물레야」, 「자녀목」은 「씨받이」와 소재가 동일합니다. 두 영화 모두 완성도가 높은 좋은 영화이고 해외 영화제에도 출품되었지요. 유사한 B급 비디오 영화도 이 시기에 붐이었는데 아마 그 때문에 「씨받이」가 상대적으로 손해를 본 것 같아요.

임권택… 나는 스위스에서 내 영화 몇 편을 상영할 때 우연히 「씨받이」를 다시 보면서 깜짝 놀랐어요. 내가 찍었지만 잘된 부분이 빛을 발하는 겁니다. (웃음) 사실 나도 그 작품을 그 이전에는 외면하고 있었거든요.

유지나… 감독님도 조금 전 문제 의식을 보여주는 중요한 장면들이 명장면이 되지 못한 점을 아쉬워하셨지요. 광량 문제와 제작사 측의 무성의에 대해서 말씀하시면서요. 저도 이 영화를 여러 차례 보면서 바로 그 부분이 내러티브의 핵심이라고 느꼈어요. 한쪽에서는 양반 가문의 선비들이 엄숙하고 진지하게 제의에 대해 얘기를 나누고 한쪽에서는 유교 질서로부터 이탈된 행위를 상징하는 정사를 벌이는 장면은 이질적이고 모순적인 당시의 유교 사회를 빗대고 있어요. 그런데 화면이 너무 어두워요. 그리고 소리의 원근감이 없어요. 물론 한국 영화에선 전반적으로 소리의 원근감이 살아나지 않지요. 후반 작업의 문제가 드러나는 부분인데요. 강수연이 별당에서 나오는 순간부터 선비들의 대화가 들리지요. 제사의 모순이나 혼령의 문제 같은 철학적인 얘기가 들리고 난 후 여주인공이 이동하면 소리의 원근감도 달라져야 하는데 그렇지 못하거든요.

임권택… 그러나 여기서는 소리의 원근감을 사실적으로 줄 필요가 없었어요. 왜냐하면 정사 장면에서는 대사가 없고 숨소리가 전부였거든요.

유지나… 그런데 왜 여자 숨소리만 들리죠? (웃음)

임권택… 남자 숨소리는 안 들렸나요? (웃음)

유지나… 관습적인지 의도적인지 한국 영화의 정사 장면에서는 여성의 가쁜 숨소리만 들리는 경우가 대다수거든요.

임권택… 의도하지는 않았어요. 여하튼 이 영화는 후시 녹음했어요. 후시 녹음이라도 소리의 원근감은 조정할 수 있어요. 어떤

이는 동시 녹음인데도 동시 녹음 같지 않다는 소리도 하지요. 동시 녹음 시스템에서도 소리의 원근감을 살리지 못해서 그렇지요. 기술상의 문제도 있지만 이 경우는 그렇지 않지요. 이 장면은 호흡이 안으로 더 잦아들고 뒤에서 대화하는 소리를 클로즈업하는 방식으로 녹음했어야 되는 부분이지요.

유지나…　감독님께서는 평소 다른 영화를 만드실 때도 동시 녹음이건 후시 녹음이건 소리의 사실감이나 원근감을 고려해서 작업하시는 편인데, 그것이 때로는 잘 전달되지 않는 것은 무엇 때문이라고 보십니까?

임권택…　녹음 현상 단계에서 소리 자체가 많이 감해진다고 녹음기사들이 늘 불평하지요. 그리고 극장의 앰프 성능이 나빠서 원래 녹음된 소리를 살리지 못한다고 합니다. 필름의 감도나 화질, 화면의 밝기에도 같은 문제가 있습니다. 내 영화 중에 「증언」이라는 영화가 있어요. 당시에는 비행기 폭격 장면을 위해 일본 기술자를 부르면서까지 특수 촬영한 영화입니다. 우리나라에서는 제법 평가가 좋았어요. 그런데 외국에서 상영할 때 밝기가 달라지자 모형 비행기가 철사에 매달려 왔다 갔다 하는 게 모두 보이는 겁니다. (웃음) 정말 부끄러워서 얼굴을 들 수 없었어요.

조금 다른 문제지만 번역도 문제이지요. 유 교수님도 잘 알지만 가는 곳마다 번역 때문에 말썽이 많았어요. 그때 비하면 지금은 기술적인 면이나 자막에서도 진보했어요. 그래도 여전히 미숙한 부분들이 남아 있지만 옛날에 비하면 많

「씨받이」 문중 남자들이 본청에 모여 회의를 하고 있는 가운데, 다른 한쪽 그늘에서는 옥녀와 상규가 정사를 벌이고 있다.

이 나아진 걸 위로로 삼아야겠지요.

유지나… 세트가 포함되었으니 비 오는 장면 (148-149쪽 사진 참조)에서는 물을 뿌리신 것 같습니다. 별채에서는 비가 앞쪽만 오는 것처럼 보입니다. 비 내리는 안채와 물을 뿌리며 찍은 별채가 다른 시간에 찍힌 것 같은데 실제는 어떻게 진행되었습니까?

임권택… 진짜 비 오는 날 찍었지만 별채에는 물을 뿌렸지요. 세트에서는 원근감을 살려 비를 뿌릴 수 없어요. 세트가 다 젖어들기 때문이지요. 세트에서 비 오는 장면을 찍을 경우 지금도 여전히 천장의 조명 발판 위에 올라가서 물뿌리개로 뿌리지요. (웃음) 그렇지만 비 내리는 장면을 입체감 있게 연출하려면 물 뿌리는 차가 뒤에 한 대 더 있어야 합니다. 이제 여러분들의 궁금한 점을 듣기로 하죠.

학생 1… 임권택 감독님 영화에는 자주 등장하는 조연 배우들이 있어요. 「서편제」에서 아편하는 유봉의 친구는 「티켓」에도 출연했지요. 「축제」와 「불의 딸」에도 나오거든요. 정경순 씨도 「축제」와 「창」에 출연했어요. 특히 선호하시는 조역 배우나 연기자가 있으신지 알고 싶습니다.

임권택… 어떤 감독은 스타 시스템에 의존해서 특정 배우를 선호하기도 하지요. 주연 배우의 경우가 대체로 그렇지요. 그러나 나는 그러지 않으려고 굉장히 애쓰는 감독 중의 하나입니다. 그런데 조연 배우가 내 영화에 자주 등장하는 경우가 있지요. 특별한 이유는 없어요. 그들을 출연시키는 것을 내가 좋아하기 때문이라는 개인적 이유 외에는.

유지나… 감독님, 「티켓」에서 막내의 대학생 애인 역할을 한 배우를 기억하세요? 그

배우는 「서편제」에서도 조역으로 나오는데요. 다른 영화에는 거의 등장하지 않는 배우인데 꼭 감독님 영화에만 조역으로 나오는 것 같습니다.

임권택… 　그 배우는 내가 굉장히 좋아하지요. 그런데 내 영화 말고 무슨 비디오 영화에도 나왔다고 하던데요. (웃음)

배우 선호 이야기가 나와서 하는 말인데, 나는 조연으로 기용할 수 있는 편안한 연기자 외에는 대체로 신인을 선호합니다. 물론 모험일 수 있어요. 아무래도 연기 경험이 없기 때문에 노련한 연기를 할 수 없겠지요. 그러나 잘 선택하면 오히려 신선한 이미지가 그 영화만의 캐릭터로 강렬한 인상을 줄 수 있지요. 「티켓」을 찍을 때 막내 역할을 고르기 힘들었어요. 내일이면 로케 현장인 속초로 떠나야 하는데 그때까지 맞는 배우를 찾지 못하고 있었어요. 마침 전세영 양을 보게되었지요. 역할의 분위기와 어울리더군요. 그래서 몇 마디 질문을 했어요. 순발력을 알아보기 위해서요. 상당히 예민하고 명민하더군요. 결정하고 나서 함께 속초로 내려갔어요. 운 좋게도 전세영 양이 역할을 잘 소화해 준 덕택에 영화를 무사히 끝마칠 수 있었지요.

유지나… 　방희 씨가 「불의 딸」과 「만다라」에 주연과 조연으로 출연했지요? 「불의 딸」에서는 신비한 이미지의 연기가 인상적이었다고 생각했어요. 그런데 「만다라」에서 여대생으로 나올 때는 학생들도 다 웃을 정도로 어울리지 않았는데, 감독님은 어떻게 생각하세요?

「씨받이」 서로 만나지 못하게 된 옥녀와 상규가 상대방이 있는 방향을 바라보고 있다.

| 임권택… | 창녀 역할은 방희 씨가 잘 소화하지만 그런 역할이 아니어서 그렇게 보인 게 아닐까 하는 생각이 들어요. |

| 학생 2… | 오늘 「티켓」과 「씨받이」에 관해 감독님의 좋은 말씀 잘 들었습니다. 두 영화 모두 여성이 주인공이었어요. 제가 보기에 여성을 주인공으로 내세워 여성의 인생 유전이나 기구한 운명을 그린 영화들이 더 드라마틱하고 더 비극적인 성격을 드러내는 것 같아요. 감독님은 여성 캐릭터나 여성의 삶에 대한 특별한 견해가 있으신지요? |

| 임권택… | 이번에 샌프란시스코에 가서도 내 영화를 여성 영화로 규정하고 내가 여성을 잘 이해하는 페미니스트라고 여기는 사람들을 많이 보았어요. 내 영화에 여성이 주요 등장 인물이 된 것은 어머니의 영향 때문이 아닐까 생각합니다. 내 어머니는 오랜 수난의 세월을 겪으면서 가장으로서의 역할을 수행하셨지요. 어머니의 삶을 보면서 여성의 삶을 생각했다고 해도 과언이 아니지요. 그리고 난 기본적으로 여성을 내세운 영화가 어떤 소재로든 더 설득력 있는 영화가 된다고 생각해요. 자세한 건 「불의 딸」을 설명하면서 다시 언급하겠지만, 같은 비극이라도 여성의 시선을 따라가는 것이 훨씬 영화를 흡인력 있게 만들어요. 그리고 기본적으로 여성을 존중하는 마음이 영화 속에 반영되는 거지요. |

| 학생 3… | 물론 감독님의 여성에 대한 관심은 영화를 통해서 관객들도 잘 알 수 있습니다. 그러나 여성의 입장에서 볼 때 좀 민망한 부분들도 있어요. |

| 임권택… | 사실 내가 여자를 편들며 찍은 영화는 없어요. 단지 여자든 남자든 현실의 삶을 보여주는 것이 목적일 뿐이고, 상대적으로 여성의 삶이 훨씬 굴곡이 많기 때문에 설득력 있게 영화 속에 표현된다고 생각합니다. |

| 학생 4… | 「씨받이」의 영상은 마치 동양화에서 펼쳐보이는 풍경을 보여주는 듯해서 감동적이었습니다. 예를 들어 옥녀가 씨받이로 들어왔을 때 할머니와 본처가 산을 오르는 전경을 약간 하이 앵글과 롱 숏으로 잡은 장면이 있어요. 굉장히 아름답다고 느낀 장면입니다. 미리 앵글을 포함한 자세한 콘티 작업을 한 후에 촬영하신 겁니까? |

위 | 「씨받이」의 마지막 장면. 주제성이 강한 영상과 자막을 통해 감독의 연출 의도가 뚜렷이 드러난다. 아래 | 「티켓」의 엔딩 크레딧.

임권택… 난 우리 삶에서 아름답다고 느끼는 것들, 즉 전통적인 음식 문화이든 건축 양식이든 간에 아름다운 한국의 면모가 영화의 내러티브 속에서 은근히 배어나오도록 노력하는 감독입니다. 그래서 관객이 영화를 보고 난 후에 한국이라는 땅의 아름다움, 그 땅 사람들의 삶의 아름다움을 영화 스토리와 더불어 기억하기를 바랍니다. 가끔 내 영화를 본 사람이 촬영 장소에 가보기를 원해요. 심지어 그중에는 외국인도 있어요. 그런데 가서 보면 영화에서 본 그 장소가 아니라고 합니다. 왜냐하면 광선 때문이지요. 광선에 따라 사물의 형상이 달리 보여요. 때를 잘 포착하려는 진득함이 있어야만 좋은 경관을 놓치지 않지요. 그리고 내가 살고 있는 땅을 아름답게 보려는 심성이 있어야 됩니다. 또 아름다운 풍경에 관심을 갖고 그것을 찾아내려는 노력도 중요하지요.

학생 5… 그렇다면 영화 작업하실 때 미술적인 자문을 구하시나요?

임권택… 내가 자문을 받았으면 지금보다 훨씬 더 좋은 감독이 되었을 겁니다. 나는 동양화를 전문적으로 볼 만한 안목이 있는 사람도 아닙니다. 가령 「서편제」 판소리만 해도 귀명창일 정도로 판소리에 조예가 깊어서 영화화한 건 아닙니다. 단지 판소리를 들으면 내부 깊숙한 곳에 감동이 밀려와 그 감동을 관객과 함께 나누려고 했던 것뿐이지요. 사실 난 지금도 「서편제」가 성공한 이유는 나의 초심자적인 수준이 초심자들에게 아주 쉽게 닿았기 때문이 아니었나 생각합니다.

학생 6… 감독님께서 그려내시는 한국의 아름다움은 대부분 잊혀진 것이거나 아니면 시골의 색을 드러내는 것인데요, 사실 우리들 대부분은 도시에서 살잖아요. 그렇다면 우디 앨런이 뉴욕의 모습을 잘 그려내는 것처럼 도시적인 아름다움을 그려내실 의향은 없으신지요?

학생 7···　　　　　도시에 대한 내 감각은 거의 무지라고 봐야 합니다. 나는 도시에 살면서도 도시에 대해 거의 소화불량증 상태에 있다고 생각해요. 그보다 지금은 점차 잊혀져 가는 소중한 것들을 다시 찾아내어 영화에 담는 일이 내게는 더 가치 있는 일이라고 생각해요. 도시 이야기는 젊은 감독들, 아니 여러분들이 해내야 될 일이라고 생각해요.

유지나···　　　　　감독님 작품 중에 「오염된 자식들」은 도시의 삶을 다룬 영화지요. 제 생각엔 감독님 영화 중에 그래도 서울이라는 도시는 가장 중요한 공간이라고 보는데요?

임권택···　　　　　여하튼 지금 사는 곳이 서울이라는 도시이고 그러다 보니 도시를 배경으로 해 찍게 됩니다. 그래도 실제 삶의 토양은 도시와는 거리가 멀지요. 그래서 도시가 배경이지만 삶의 얘기는 지나간 과거의 것이 더 많지요.

학생 8···　　　　　감독님이 「씨받이」를 설명하시면서 남아 선호 사상이 논리가 있든 없든 우리의 토양에서 자라난 것이니까 받아들일 수밖에 없고, 그것이 문화적 개성이라고 하셨지요. 그러면 앞으로 감독님께서는 영화 속에 문제 의식을 어떻게 담아내실 의향이십니까?

임권택···　　　　　「씨받이」도 남아 선호 사상만을 언급한 건 아니죠. 우리 제의나 종교에 대한 얘기도 많은 부분을 차지합니다. 우리나라에는 외국에서 들어온 종교들이 있어요. 불교, 유교, 기독교 모두 외래 종교지요. 그런데 우리의 무속을 학문으로 연구하고 있는 쪽에서는 그들 외래 종교가 무속 신앙과 접목되어 있다고 봅니다. 우리의 원시 종교인 무속이 현대에 와서 고급 종교의 탈을 쓰고 더 왕성하게 살아 있다고 보는 거지요. 무속 신앙이 우리의 삶에 깊은 뿌리를 내리고 있다는 점에서 당연합니다. 이 경우에 어느 한 종교에 대해 비판적으로 얘기할 수는 없지요. 말하자면 흑백 논리로 무언가를 비판하는 영화는 만들지 않겠다는 말입니다.

유지나···　　　　　감독님이 「씨받이」를 만드셨을 때 남아 선호 사상이나 유교 사상, 가부장제 장남 이데올로기에 대해 비판적인 입장이셨다고 했지요. 지금은 그 입장이 바뀌신 건가요?

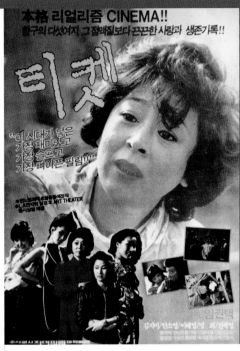
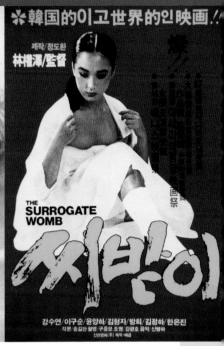

임권택··· 바뀌었다기보다는 생각의 깊이 없이 맹목적으로 비판적인 입장만을 고집했다는 걸 후회하는 겁니다. 그리고 남아 선호 사상이건 유교 사상이건 내가 모든 문제를 건드릴 수는 없지요. 오히려 비판 의식이 많고 도전적인 젊은 세대들에게도 영화를 만들 기회를 주어야 하지 않겠어요? 나이가 들어가면서 과거에 겁 없이 짧은 소견으로 영화를 찍은 것이 부끄러울 때가 있어요. 여러분들도 영화를 하면서 나처럼 자신이 해온 것에 대해 끊임없이 되새김질하고 스스로 비판하게 될 겁니다. 그런 변화는 자연스러운 겁니다. ■

「티켓」과 「씨받이」의 포스터. 「씨받이」의
포스터는 당시 유행하던 토속 에로 사극과
비슷해 오해를 사기도 했다.

①——「돌아온 왼손잡이」(1968),
촬영 현장. 왼쪽에서 네 번째가
주연 김지미.
② ③——「돌아온 왼손잡이」 촬영 중에.
④——「뇌검」(1969), 관능에서의
　　　한때.
⑤——「상해탈출」(1969), 촬영 모습.

⑥ ──「상해탈출」수색 촬영지에서.
⑦ ──「요화 장희빈」(1971), 스태프와
함께 비원에서 장소 헌팅 중에.
⑧ ──「상해탈출」화동국민학교 앞
임업시험장에서의 촬영 모습.
⑨ ──「상해탈출」수색 촬영
현장에서. 왼쪽에서 두 번째, 세 번째가
주연인 윤소라, 이순재.

❶──「비 나리는 고모령」(1969), 촬영 현장.
그해에 신인으로 데뷔한 김희라를 지도하고 있다.
❷──「비 나리는 고모령」송도역 촬영 현장.
❸──「애꾸눈 박」(1970), 촬영 모습. 이 작품은
1969년 가을에 촬영하여 이듬해 개봉했다.
❹──「애꾸눈 박」, 맨 오른쪽이 주연을 맡은
박노식.
❺──「비검」(1970), 고석정 촬영 현장에서.

⑥──「그 여자를 쫓아라」(1970),
우이동 별장에서. 오른쪽은
주연 윤정희.
⑦ ⑧ ⑨──「그 여자를 쫓아라」
촬영 현장에서. 이 영화의 원래
제목은「북경에서 온 여자」였다.
⑩──「속눈썹이 긴 여자」(1971),
촬영 모습.

❶——「요검」(1971), 전라남도 고창
들판에서의 촬영 모습.
❷❸❹——「요검」 고창 선운사
촬영 현장.
❺❻❼——「마당 왕」(1970),
부산 다대포 현장에서. 이
영화는 영하 20도의 추위에도 철야로 야외
촬영을 했으나 완성을 못 보았다.
❽——「요검」(1971), 고창 선운사에서
작업 중인 모습.

①──「원한의 두 꼽추」(1971),
촬영 전 고사를 지내고 있다.
②③④──「삼십년 만의 대결」(1971),
촬영 현장.
⑤──「나를 더 이상 괴롭히지
마라」(1971),
고 최효진 촬영 기사의 데뷔작이다.
⑥──「돌아온 자와 떠나야 할
자」(1971),
남산 촬영 현장.
⑦──「돌아온 자와 떠나야 할 자」 한강변
촬영 현장. 왼쪽에서
두 번째가 주연 독고성.

① ── 「삼국대협」(1972), 촬영 전
고사 지내는 모습. 이하 모두 같은 영화
촬영 현장.
② ── 북한강에서.
③ ④ ⑤ ── 전라남도 담양 대밭에서.
⑥ ── 전라남도 장성 백양사 운문여관에서
스태프와 함께 식사 중인 모습.
⑦ ── 북한강에서 스태프와 함께.
⑧ ── 백양사 운문암에서.

①——「증언」(1973), 촬영을 위해
군 헬기에 탑승 중. 이하 같은 영화
촬영 현장 모습.
②——장소 섭외 중의 한때.
③——충청남도 영인면에서.
④스태프들과 함께.
⑤——영인면에서 야외 촬영 중인
모습.
⑥——주연 배우 신일룡, 김창숙에게
대본을 설명하고 있다.
⑦ ⑧ ⑨——군의 협조하에 17연대
소속 탱크 부대를 동원하고 군인들이
직접 엑스트라로 출연했다.

한국적 주제 의식으로
만든 영화, 그 실패와 성공

임 권 택··· 오랜만입니다.

학 생 들··· 안녕하세요?

임 권 택··· 오늘은 「불의 딸」과 「만다라」 이 두 작품에 대해 이야기하기로 했지요. 「불의 딸」은 내 영화 중 가장 실패한 작품일 겁니다. 실패한 이유에 대해서 학생들이 질문하더라도 대답하고 싶지 않을 정도입니다. 다만 한 가지, 「불의 딸」이 가진 소재가 우리들의 삶에 뿌리내리고 있는 원시 종교, 즉 무속 신앙인데 이 소재만큼은 언젠가 다시 영화화하고 싶어요. 무속 신앙이 여전히 생명력 왕성한 대중적인 종교로 자리 잡고 있다는 점에서 그 안에 뿌리내리고 있는 우리의 종교적 심성을 파헤쳐 보고 싶다고나 할까요. 여하튼 내가 한번 꼭 다루고자 하는 소재라는 것만 말씀드리고 이제 「만다라」에 대해서 얘기해 봅시다. 그래도 「불의

「만다라」(1981), 떠돌이로 만행하는 두 승려의
지나온 삶과 수도 생활을 그려내어 중생의 고통,
깨달음에 이르는 험난한 과정을 담아냈다.

딸」에 대해서 질문하겠다는 사람이 있다면 하세요. 질문 없으면 그냥 넘어갑니다. (웃음)

유지나··· 우리 학생들은 질문하려면 조금 시간이 걸리니까 제가 먼저 하겠습니다. 감독님이 설명하셨듯이, 영화 속에서 무속 신앙과 기독교를 대비시키면서 어떤 면에서는 전자를 우리의 본능적인 신념으로 보면서 후자인 기독교를 폄하하는 듯 보입니다. 가장 쉬운 예로 기독교도인 부인이나 장모를 신경질적이고 비인간적 행동을 하는 인물로 몰아가는 경향이 있거든요. 그 점에 대해서 감독님은 어떻게 생각하시는지요?

임권택··· 지금은 종교 신자들, 특히 기독교와 같은 서양 종교 신자들이 신앙을 이단시하는 경향이 있지만 우리 내부에 깊이 뿌리내린 무속 신앙의 영향력을 무시할 수는 없지요. 따라서 그 영향력을 강조하고, 우리 사회가 가진 신념의 무게 중심이 우리의 것이 아닌 서양으로부터 유입된 기독교로 너무 쏠린 게 아닌가 하는 문제 의식이 강하다 보니 상대적으로 기독교를 폄하하는 것처럼 보이게 했을 겁니다.

이 영화에서 군이 해야 될 이야기가 있다면 어떤 논리를 떠나서, 그런 만신의 뿌리를 가진 주인공이 처음에는 그것을 거부하다가 그 만신의 뿌리가 생생한 삶 같다는 느낌을 더러 불쑥불쑥 느끼는, 생동감이 살아나는 부분들이 중요하다는 겁니다.

「만다라」 동안거 수행 중인 수관과 법운.

이 작품에서 가장 어설픈 부분 중에는 우리가 순발력으로 해낸 것이 있는데, 그것은 회동에서 바다가 갈라지는 장면입니다. 그걸 우리가 인위적으로 만들어서 찍을 수도 없고 사람을 동원할 수도 없고, 그래서 카메라를 세 대인가 배치해서 핸드 헬드로 찍어내 편집을 하니 그나마 그런 외형을 갖게 된 것이죠. 그 부분에서 영화를 볼 줄 아는 사람들은 좀 놀랍니다. 순식간에 바다가 갈라지기 시작하고, 그러자마자 바로 그 짧은 시간 내에 연기자까지 포함시켜서 극적 맥락을 만들어내 표현을 했다는 것이 놀라운 것이죠. 그런데 이제 다시 보니 놀랍기는커녕 그런 엉터리가 없는 것 같아요.

학생 1… 감독님 작품들 중에는, 여성이 주변 환경에 의해 피해를 입거나 희생당하는 영화가 대다수라고 생각됩니다. 그런데 「불의 딸」을 보면 기존의 다른 영화들과 다른 점이 있어요. 여주인공이 능동적이라고 생각되거든요. 주변 상황에 대처하는 모습이 말이지요. 감독님의 다른 작품들에 등장하는 여성 인물과 다르게 표현하고 싶다는 의도가 있으셨는지요?

임권택… 전에도 얘기했지만 내가 여성의 편에 서서 여성의 권익을 위해 여성의 삶을 다루는 감독은 아니라고 생각해요. 「불의 딸」도 소재가 그렇다 보니 중심 인물이 여성이 되어버렸는데 사실 여성에 대해서 말하고자 한 건 아닙니다. 그보다는 우리의 수난사를 그리거나 혹은 이 영화처럼 신앙이나 관습 등을 담고자 할 때는 여성 인물 중심으로 그려나가는 것이 훨씬 설득력 있거든요. 가령 전쟁 같은 외부적 수난을 겪을 때도 여성은 남성보다 이중 삼중으로 더 많은 고통을 겪게 되지 않습니까? 가부장제라는 큰 틀에서 겪는 시련들, 물리적인 힘이 약해서 당하는 모욕 등 여러 가지로 말입니다. 남성보다도

「만다라」 지산이 수행 중에 머리를 짓찧으며 괴로워한다. 지산 역의 전무송은 이 영화로 1981년 제20회 〈대종상 영화제〉에서 남우 조연상과 신인상을 수상했다.

더 불행한 입장에 있는 인물을 내세움으로써 어려운 상황을 더 극명하고 설득력 있게 묘사할 수 있다는 생각에서였지, 여성을 깊이 이해해서 그런 것은 아닙니다. 물론 영화를 만들어오면서 여성에 대한 시각이 달라진 건 사실이지요. 그러나 멀었어요. (웃음) 의도적으로 여성을 능동적으로 그린 건 아닙니다.

학생 2… 저는 무속 신앙과 기독교가 대립한다고 봤을 때 기독교는 현대 문명을 대표하는 종교이고, 무속 신앙은 전통적인 가치를 대변하는 것이라고 봅니다. 박근형 씨가 자신의 정체성을 찾아가다가 결국 무속 신앙의 품에 안기는 모습을 볼 수 있는데, 그러면 감독님은 이 영화를 통해 전통 가치로의 회귀라는 메시지를 전하려고 하신 건가요?

임권택… 사실 무속을 연구하는 학계에서는 외국에서 들어온 불교나 기독교도 무속 신앙과 접목되었다고 봅니다. 기독교가 우리 무속 신앙과 상반되는 종교라고 이분법적으로 이해해서는 안 되지요. 따라서 내가 이 영화에, 현대 종교는 원래 우리 것이 아니므로 무시하고 우리의 전통적인 무속 신앙을 되찾자는 극단적인 메시지를 담은 것은 아니라는 거죠. 단지 가정이 종교 때문에 파탄 지경에 이르고 사회까지 광신도에 의해 와해될지도 모르는 상황을 생각해 보자는 취지였어요. 기독교를 폄하하고 무속 신앙이 최상의 신념이라는 것을 나타내고자 한 것이 아닙니다.

덧붙여, 내가 무속 신앙을 소재로 영화를 다시 만들고 싶다고 조금 전에 말했지요? 그것은 그 소재가 아주 한국적인 것이기 때문이지요. 일단 소재가 새롭고 독특하면 해외 영화의 장에서 주목을 받을 수 있지 않겠어요. 물론 작품 자체의 완성도는 또 다른 문제이기는 하지만 말입니다. 그리고

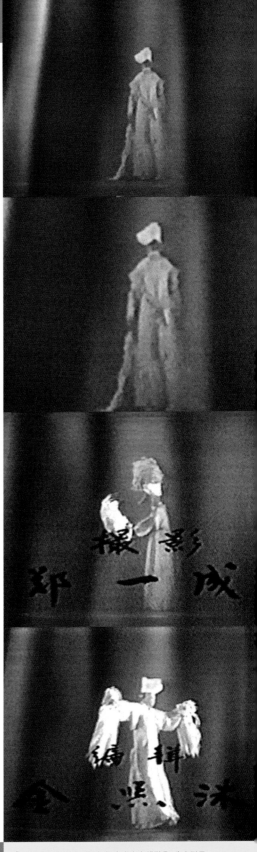

「불의 딸」(1983), 무녀인 어머니의 행적을 캐다 결국 무당이 되고 마는 한 남자의 인생 역정을 통해 인간의 근원적 뿌리를 향한 몸부림을 담아냈다.

무속 신앙이 정통 종교이든 단지 샤머니즘이든 우리 한국인의 삶에 많은 영향을 준 거대한 위상을 가지고 있으므로 관심을 지속적으로 가져야 한다고 봅니다. 과연 이 소재를 어떻게 영화 속에 담을지는 미지수입니다. 너무 광범위해서 축을 잡기가 힘들고 버거워서 아직도 영화화하지를 못하고 있는 것이죠.

유지나… 제가 한 가지만 더 여쭈어보겠습니다. 감독님께서는 앞에서 말씀하셨듯이 좋은 의미에서 여주인공을 설정하시고, 또 주제 의식도 매우 상승되어 있습니다. 그러나 그런 것을 수행하는 데 필요한 여성 인물은 관음증적으로 묘사되기도 하더군요. 「불의 딸」에서 무녀가 물 사발을 들고 나오는 장면을 카메라가 물고 들어가면서부터 네 번의 정사 장면이 지나가는데 무녀가 색녀 같다는 느낌이 강하게 들고, 또 그런 점이 강하게 부각된다는 것이죠.

임권택… 「불의 딸」 말고 또 어떤 것이 그렇지요?

유지나… 「만다라」에서도 방희 씨가 맡았던 역할이 창녀로 묘사되는 것이 그렇고, 또 세속에서 비구승이 겪는 갈등이나 고행을 보여주는 과정에서 굳이 창녀촌과 연결지을 필요가 있었는지요? 카메라 역시 관음적 장치가 되어버린 것을 발견하게 됩니다. 물론 이런 현상은 일반적입니다만, 진지한 문제 의식을 가지신 감독님께서 어째서 그런 관행으로부터 벗어나지 못하셨는지요?

임권택… 그러니까, 그건 결국 여권 운동가적인 입장에서 보자면 여성을 성애적 대상으로 간주하는 데 대해 불만스럽다는 것처럼 들리는데요. 내가 그 점에 대해서 깊이 생각해 보았다면 멋진 대답을 하겠는데……. 그렇지 못한 내게 자꾸 물으니 자꾸 곤란해지는데요. (웃음)

유지나… 곤란하시게 해서 죄송한데요, 그럼 다시 질문하겠습니다. 혹시, 그 영화에 산업적인 압력이 있었냐는 뜻도 함축하고 있는 겁니다. 그 당시 제작 시스템에서 그렇게 해야 흥행에 성공할 것이라는 계산이 들어갔느냐는 거지요.

임권택… 그것은 양심 선언의 문제인데 말입니다. 여러분도 알다시피, 나는 저급한 영화를 찍는 흥행 감독으로 시작해서 지금까지 살아남은 감독입니다. 제작비를 대는 제작사의 입장도 무시할 수 있는 문제가 아니지요. 제작사도 이익을 남겨야 다음 영화 제작에 다시 자본을 투자할 수 있지 않겠어요? 그래서 나도 좋은 영화를 만드는 것이 우선이지만 흥행면에서도 성공적인 영화가 되어야 한다는 심적 부담을 떨쳐버리기 힘들죠. 그로 인해 더 좋은 작품을 연출하는 데 있어서 제한을 받는 것이 사실입니다. 변명으로 들릴지 모르지만 내가 제작자와 함께 걸어왔기에 지금도 좋은 영화를 만들기 위해 애쓸 수 있는 것이 아닌가 생각됩니다.

이제 「만다라」에 대해 얘기합시다. 「만다라」가 영국의 한 영화제에서 상영된 적이 있어요. 그때 그 영화제의 책임자인 사이언인가 하는 영국인이 이 영화가 일본 영화와 유사하다고 하면서 누구의 영향을 받았는지 묻더군요. 사실 우리나라가 영화 필름 보존에 너무 무성의해서 옛날 필름은 거의 소실되었고 홍보 부족으로 해외에 많이 알려지지 않았어요. 그래서 내가 어떤 한국 영화의 영향을 받았다고 얘기할 수가 없었지요. 얘기해도 그들은 어차피 모르고. 그래서 그들은 내 영화 「만다라」를 샘플로 잡고 한국 영화를 논의하게 되었어요.

여하튼 「만다라」는 임권택이라는 감독을 세계 속에 알린 작품으로, 내게는 개인적으로도 각별한 의미가 있는 작품이지요. 이전에는 내 영화가 세계에서 어느 정도의 위상을 차지할 수 있는지 비교할 만한 계기가 없었어요. 그런데 「만다라」가 해외 영화제를 통해 알려지면서 그 기회를 얻을 수 있었던 거지요.

처음 이 영화가 〈베를린 영화제〉에 출품되었어요. 사실 당시 영화진흥공사에서는 그 영화제 출품작으로 다른 작품을 선정했어요. 그런데 당시 독일문화원장이 이 필름이 출품되어야 더 좋은 평가를 받을 것이라면서 직접 번역에도 참여하는 적극성을 보였어요. 결국 화천공사가 「만다라」를 독자적으로 영화제에 보냈어요. 그런데 문제는 어느 부문에 넣어야 할지 결정도 안 하고 무조건 보내기만 한 겁니다. 경쟁 부문인지, 파노라마 부문인지, 아니면 포럼 부문인지 전혀 알지도 못하고 〈베를린 영화제〉에 내보내기만 한 거지요. 영화제 준비위원 측에서 꽤나 당황했나 봐요. 영화는 어느 수준에 와 있는 작품인 것 같은데 상식 밖으로 출품된 작품이라 그랬겠지요.

여하튼 그 영화제에서 호평을 받고 난 후에 「만다라」는 일본 평론가들의 평론을 통해 더 많이 알려지게 되었어요. 그리고 지금은 미국 어느 대학에서도 동

양 영화로서 「만다라」를 한번씩 보여줄 정도가 되었지요.

결과적으로는 불교를 소재로 좋은 작품을 만들어냈지만 처음 영화를 찍을 때는 고생했어요. 이 영화는 김성동 원작 소설을 영화화한 겁니다. 원작 자체에 승려 사회의 비리가 많이 담기고 해서 조계종 쪽에서 이 영화 촬영에 협조해 주지 않았거든요. 사찰을 빌리는 데 애를 먹다가 겨우 태고종 계통 선암사(176쪽 사진 참조)에서 찍게 되었어요. 절이 여러 개 필요할 때는, 월정사에서는 관광 온 것처럼 돌아다니다 얼른 일주문을 찍고 도망 나오고(181쪽 왼쪽 사진 참조), 내수사 같은 데서는 문화 영화 찍으러 왔다고 거짓말을 하며 도둑 촬영을 했어요. (웃음) 그래서 더 좋은 조건에서 찍었다면 더 훌륭한 영화가 되었을 텐데 하는 아쉬움이 남는 작품이지요.

내가 「만다라」라는 작품을 하게 된 동기에 대해 얘기하겠습니다. 우리가 오랫동안 불교라는 큰 종교의 그늘 속에서 살아왔고, 그것이 사회 문화적으로 많은 영향을 미쳤다는 것을 부인할 수는 없어요. 나도 불교 신자는 아니지만 주변에서 일상적으로 불교 문화를 접하며 살았죠. 그런 와중에 김성동의 소설 『만다라』를 읽었습니다. 그 소설을 영화로 표현하고 싶었어요. 불도의 길을 다른 방식으로 걸어가는 두 승려, 한 승려는 계율 안에서 다른 이는 계율 밖에서 자기 완성과 불도의 깨달음을 터득해 가는 과정을 영화 속에 담고 싶었지요. 불교라는 틀이 아니라 하더라도 젊은 사람들이 자신의 삶의 완성을 위해 치열하게

「불의 딸」에서 미친 무녀 역을 연기한 방희.

살아가는 모습이 얼마나 아름다운가를 영화에 담으려고 했어요.

여하튼 영화를 시작했고 결과가 좋았지요. 영화는 원작과는 약간 다릅니다. 원작의 결말은 대승적 해탈로 귀결되지만 난 아직 미완성인 채로 주인공을 떠나보냈죠. 원작자는 이 부분이 불만이었다고 해요. 그러나 난 지금도 그렇게 하기를 잘했다고 생각합니다. 대승적 측면의 승려들의 삶은 「아제 아제 바라아제」에서 본격적으로 그렸습니다.

참고로 덧붙이자면, 여러분들이 앞으로 영화를 해나갈 때 알아두면 좋은 것이 있어요. 영화 작업은 연기자, 촬영부, 연출부 등 다양한 분야의 사람들이 만들어가는 과정입니다. 영화 만들기 과정이 순탄하게 진행되지 않으면 좋은 작품이 탄생되지 않을 뿐 아니라 흥행도 되지 않습니다. 따라서 모든 스태프들과의 융화가 매우 중요하죠. 그리고 잘되려는 작품은 이상하게도 생각지 않은 많은 도움을 받게 됩니다. 「서편제」만큼은 아니지만 「만다라」도 굉장히 많은 도움을 받은 영화입니다. 예를 들어 야외 촬영 시 있었던 일입니다. 한 장소에서 화창한 날과 궂은 날을 찍어야 하는 상황이 있었어요. 그런데 그날 아침에는 비가 오더니 오후에는 날이 환하게 개는 겁니다. 그래서 한 장소에 두 번 가야 할 수고를 한 날에 끝내 버린 거지요. 우연이지만 이것이 촬영 일정을 단축시켜 주었어요.

그리고 이 영화는 정일성 촬영 기사가 있었기에 어느 작품보다도 뛰어나게 잘 찍어낼 수 있었어요. 당시 정일성 씨는 장암 수술을 받았지요. 충무로 일각에서는 곧 죽을 사람에게 어떻게 영화를 맡기려 하느냐면서 걱정했어요. 그러나 정일성 씨는 필사적으로 그 영화를 찍었고 제2의 삶을 살게 되었어요. 카메라 앵글이 좋을 듯한 장소가 카메라를 들고 올라가기에는 너무 가파르고 높으면 난 좀 머뭇거렸거든

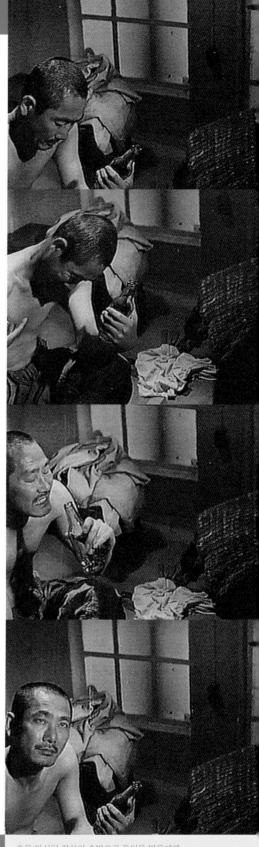

술을 마시던 지산이 승방으로 들어온 법운에게 말을 건네고 있다. "중이 살이 쩌서는 안 돼."

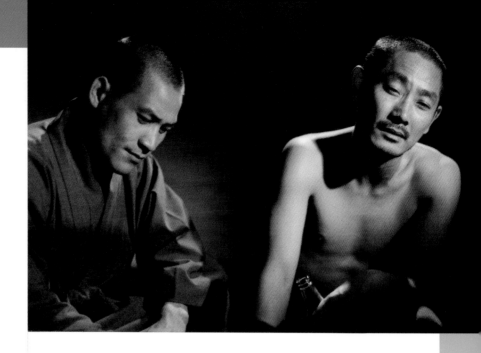

요. 그때 정일성 기사는 자기가 먼저 올라가는 겁니다. 그의 필사적인 노력이 영화를 한층 격상시켰어요.

그리고 영화 음악을 맡아준 김정길 서울대 음대 교수, 두 연기자 안성기 씨, 전무송 씨를 만난 것도 내게는 행운이었어요. 이 연기자들은 "중이 살이 쪄서는 안 돼." 같은 극중 대사 때문에 영화 찍는 내내 굶다시피 했어요. 역할에 몰두하기 위해서 승려 복장으로 지내기도 했습니다. 흥행도 잘됐어요. 아마 10만 명이었지요. 「불의 딸」은 한 이삼천 명 되었을까…….

「만다라」에 대한 여러분들의 이야기를 듣기로 하지요. 비디오로 본 사람들 손한번 들어보겠어요? 「만다라」를 텔레비전에서 본 사람들은 「만다라」가 왜 유명한지 모르겠다는 말을 하거든요. 시네마스코프 화면이 비디오나 TV에서는 잘려나가 미장센이 잘 드러나지 않기 때문이지요.

일본의 사토 다다오 선생이나 요모다와 같은 저명한 평론가들이 높이 평가한 부분이 있어요. 황량한 길이 배경이 되면서 롱 숏과 롱 테이크로 찍은 장면인데 그것이 형언할 수 없는 아름다움을 만들었다고 하면서 어떤 일본 영화와 비교하기도 했지요. NHK에서 찍어서 국제적으로 큰 상도 받은 영화였는데 「만다라」와 마찬가지로 승려의 삶을 다루었던가 봐요. 사토 다다오 선생은 그 일본 작품이 너무 예쁘게만 찍어서 승려들이 수행 과정에서 겪는 고충을 담는 데 실패했다고 했지요. 반면 「만다라」는 수행자들의 생활을 아름답고 고고하게

만 그린 것이 아니라 고행의 과정을 설득력 있게 표현해 냈다고 하더군요.

내가 그런 장면에 신경 쓴 건 사실입니다. 이북 사람들이 흔히 쓰는 전 국토의 요새화라는 표현이 있듯이, 난 전 배경을 불당화시켰다고나 할까요. 중첩된 산을 한 시야에 잡고 싶어서 시네마스코프를 이용했어요. 그 중첩된 산들(167쪽 사진 참조)처럼 인물들이 수행하는 과정에 여러 난관들이 거듭될 거라는 암시를 하고자 했지요. 그리고 롱 숏과 클로즈업의 교차 형식을 취했어요. 인물이 지향하는 그림을 먼저 롱 숏으로 펼쳐 보이고 그 다음에 인물들의 감정 표현을 클로즈업해서 극대화시키면, 상호 보완 작용과 상승 작용을 할 거라고 생각했지요. 영상으로 보여주지도 않으면서 말로만 설명해서……. 여러분 눈앞에 영상이 펼쳐집니까? (웃음) 이후에도 클로즈업과 롱 숏의 교차 방식을 다른 작품에서 여러 번 사용했어요. 이 방식을 임권택이라는 한 감독의 영화 형식으로 굳혀볼까 하는 야심만만한 생각도 있었지요. 이제는 그런 과대 망상은 안해요. (웃음)

이 커트(180쪽 사진 참조)를 지루할 정도로 오래 찍은 이유는 여러분도 짐작하실 겁니다. 우리 삶의 역정이 짧은 시간이 아니라 긴 세월이라는 것과, 이 작품의 등장 인물인 승려에게는 구도의 길이 멀고 험난한 것임을 한 컷으로 암시하고 싶었지요. 일본의 이치가와 곤 감독도 만약 이 장면이 롱 테이크가 아닌 몇 개의 짧은 컷으로 이루어졌다면 이 의미를 살리지 못했을 거라고 하더군요.

「만다라」의 주요 촬영지인 선암사.

전무송 씨가 맡은 이 승려(지산) 역할을 유심히 보세요. 처음에는 땡중 같던 인상이 염불 외는 장면(177쪽 사진 참조)에서는 마치 부처처럼 근엄한 모습이 되지요. 앙각의 카메라 앵글과 전무송 씨의 진지한 연기가 어우러진 장면입니다.

여기에서 불경을 해주신 분은 법명이 평상인 스님이십니다. 조계종 산하에 있는 금산사에 계시던 젊은 스님이셨어요. 이 스님이 승려 생활에 대해 자세히 설명해 주셔서 영화 작업에 도움이 많이 되었지요. 그런데 정작 본인은 조계종 측에서 미움을 샀을 겁니다. 처음에도 언급했지만 조계종 측에서「만다라」가 승려의 삶을 왜곡한다고 도움 주기를 거절했다고 했잖습니까. 그래서 태고종 사찰에서 촬영을 했다는 말을 했지요. 그런데 당시 사찰을 놓고 종파 간의 분규가 있던 터라 태고종 측에서도 조계종 승려가 태고종 사찰에 들어오는 것을 무슨 첩자 노릇 하러 온 줄로 오해하기도 했어요. 영화 작업하는 동안 그 스님

「만다라」 지산이 검문소에서 부처처럼 근엄한 모습으로 염불을 하고 있다. 땡중에서 변모한 모습으로 수행의 깊이가 드러난다.

177

은 고생 많이 했어요. 게다가 난 그 스님을 땡중이라고 여기기조차 했거든요. 스님이 술도 잘 마시고 스태프들과 잘 어울려서요. 한번은 내가 술을 너무 마신 탓에 같이 잠 자던 방의 벽에다가 실례를 한 적이 있어요. 그때 내가 스님이 한 것처럼 거짓말을 했어요. 내가 방 구조, 잠자리 위치까지 들먹여 스님을 한마디도 못한 채 봉변당하게 했지요. (웃음) 그리고 나서 영화 작업이 다 끝날 무렵이었어요. 스님과 얘기할 기회가 있었는데 그때 그 스님이 「만다라」에 참여한 뜻깊은 이유를 알게 되었지요. 우리가 불교와 승려 사회에 대한 깊은 이해 없이 섣부르게 불교 소재 영화를 만들까 우려하는 마음에서 처음부터 끝까지 힘겨운 작업을 함께 버텨내셨던 겁니다. 사실 스태프들과 같이 다닌다는 것은 보통 괴로운 일이 아니거든요. 그제서야 난 그 스님이 젊지만 대단한 분이라는 것을 알게 되었지요. 지금 전라북도의 어느 암자에 계시다고 들었는데…….

앞에서도 말했지만 두 연기자가 이 장면(174-175쪽 사진들 참조)을 위해서 금식했어요. 표정 연기만 잘하면 된다고 쉽게 생각하는 연기자가 대부분인데 실제 그 인물이 되어보고자 하는 두 배우의 노력을 보고 나도 솔직히 놀랐습니다. 영화 속 인물 지산, 법운은 그들의 훌륭한 연기 덕분에 살아 있는 캐릭터가 되었어요. 물론 연기자가 연기에 몰입할 수 있도록 분위기를 만드는 감독의 역할도 중요하지요. 내 자랑을 하려고 하는 듯해서 쑥스럽네요. (웃음)

왼쪽 「만다라」 병진(법운의 속명)이 영주에게
삶과 죽음에 번민을 털어놓는다.

이 부분(178쪽 왼쪽 사진 참조)은 두고두고 후회를 하는 장면입니다. 법운과 여자 친구가 캠퍼스 안에서 삶에 대해서 이야기 나누며 눈길을 주고받는 이 장면은 아무리 보아도 어설프거든요. 지금도 이 장면만 나오면 여기를 잘라내고 싶어요. 「타이타닉」이 하도 잘된다고 해서, 모처럼 영화관에 가서 보고 난 감독으로서의 소감은 이런 겁니다. 아마 그 카메론 감독이 배가 침몰하고 빠지고 하는 엄청난 장면들을 찍어내고 했음에도 불구하고 두고두고 다시 찍고 싶은 데는 아마 그 러브 스토리, 어설픈 러브 스토리일 것이다라고. (웃음) 지금 당장은 그런 생각을 안 하고 있을지 몰라도, 나중에 가서 두고두고 후회할 짓을 했구나 하는 게 있는 법인데, 영화란 게 그런 거예요. 지금이라면 훨씬 산뜻한 영화를 만들 수 있었을 텐데 그때는 그게 안 되더군요. 원작에도 있고 해서 연출해 본 건데 영화에서는 결정적인 허물로 남아 있게 되었어요.

여기(179쪽 사진 참조)에서는 음악이 매우 잘되었어요. 세상 모든 곳이 법당이나 수행하는 도량처럼 되기를 기원하는 음악이 장면과 잘 조화를 이룬 부분입니다. TV에서 방영된 것을 본 사람은 이 장면을 못 보았을 겁니다. 방송에서는 이 장면을 좀 외설스럽다고 가위질했다니 이해가 안 돼요.

유지나… 감독님이 이제까지 찍은 창녀촌 장면이나 다른 한국 영화의 창녀촌에 비해 제일 고결해 보이는데 왜 이런 걸 잘라내죠? (웃음)

「만다라」 지산이 세상 어느 곳이나 수행하는 도량이라며 법운을 창녀촌으로 데려간다.

임권택··· 그러니 이곳을 가위질하는 사람들은 대단한 결벽증이 있는 사람들인가 봅니다. (웃음) 내가 실제 창녀촌에서 찍으려고 카메라를 설치하려 하면 돌덩이가 날아오고 해서 도저히 찍을 길이 없어서 전부 세트로 만들어 찍어낸 것입니다.

이 부분(181쪽 왼쪽 사진 참조)이 아까 말했던 몰래 찍고 도망했던 장면입니다. 몇 명이 카메라만 들쳐 메고 주욱 둘러보다가 배경이 그럴듯하겠다 싶으면 찍고 재빨리 도망하고……. (웃음) 구도자들의 심상과 서로 어울릴 만한 배경을 찾으려고 굉장히 애썼던 부분입니다. 내가 잘 다듬은 관광지를 선택했다면 이런 맛이 절대 나지 않았을 겁니다.

이 장면(167쪽 사진 참조)에서 지산과 법운이 수행자로서 자신들이 어디에 도달해 있는지에 대해 대화를 하면서 길을 걸어갑니다. 그때 롱 숏으로 인물을 작게 해서 공간을 확보함으로써 아직도 그들의 길이 멀었음을, 즉 쉽게 도달할 수 없음을 나타내고 싶었어요. 그런데 이렇게 컷시켜 버렸기 때문에 그 맛이 사라져 버렸지요. 도달했는가 생각이 들면 또 눈앞에 여러 산들이 겹겹이 펼쳐져 있다는 것을 잘 드러냈다면 대화 분위기와 절묘하게 조화를 이루었을 텐데 아쉽습니다.

여기 이 암자(181쪽 오른쪽 사진 참조)는 우리가 직접 지은 겁니다. 워낙 주변 산 경치가 훌륭해서 두 승려가 암자 생활하는 장면이 잘 잡힐 거라고 생각했지요. 미술부들이 경사진 벼랑에 전부 아시바(발판)를 놓고 힘들게 지었어요. 전경이 들어오는 마땅한 장소라고 생각하고 지었는데 이게 암자라는 게 별로 드러나지 않더군요. 전체적인 그림에 홀려가지고 성급하게 결정을 내린 게 문제였지요. 하여튼 이런 좋은데에 암자를 지었다는 보람이 하나도 없이 어정쩡한 암자가 되고 말았어요.

이 암자 자체도 문제가 있어요. 산중에다 지은 암자에 이쪽

『만다라』 지산과 법운이 함께 타고 있는 버스를 찍은 도입부. 롱 테이크 롱 숏 시퀀스로 기나긴 인생과 멀고 험한 구도의 길을 상징한다.

문짝이 이렇게 크다니 말이 안 되죠. 바빠도 미술부는 분수껏 했어야 하는데. 문을 이쪽에 잘못 내서, 겨울에 안거하는 사람들이 열어놓을 수 있다고 하더라도 어색하죠. 자 여기도 문짝이 대문짝만 하게 있어서……. 그러나 미술부를 원망할 일이 아니죠. 그때 나 스스로 점검을 했어야 하는데, 지어놓고 나면 방법이 없어요. 이렇게밖에 앵글이 안 되니까 여긴 그림이 안 되는 거예요. 카메라가 어디 붙어 서 있을 데가 없는 그런 위치에다가 설치해 놔서 그런 것이죠.

이 장면(181쪽 오른쪽 사진 참조)도 별로 좋은 그림이 아닙니다. 오픈 세트를 짓는 목적은 원하는 미장센을 쉽게 얻기 위한 것이지요. 점안을 부탁하러 온 사람을 이렇게 높은 쪽에다가 세울 수밖에 없는 이런 구도로밖에 될 수가 없었던 것이죠. 오픈 세트를 이렇게 지어놓고 있다니 지금 보면 어이가 없습니다. 이것은 감독과 촬영 기사, 미술 담당자 모두에게 잘못이 있지요.

이 장면(180쪽 사진 참조)은 모든 장소를 도량처럼 묘사하고자 한 부분입니다. 음악을 전혀 사용하지 않고 거의 사운드 없이 찍었어요. 그것이 효과적이었지요. 죽음을 맞이하는 사람들의 모습. 기왕 살아온 것에 대해서, 죽음에 대해서, 분위기를 완전히 달리하여 도량의 밖에서도 한번 생각을 해보게끔 소리 없음 자체로 표현한 것이죠. 여기 이 눈(죽은 지산의 얼굴에 묻은 눈)은 스티로폼을 이용했어요(182쪽 사진 참조). 얼굴에 묻은 이 스티로폼을 누가 눈이라고 생각하겠어요? 촬영 일정은 여유가 없고 마음은 급하고 해서 그냥 넘어간 부분이지만 이

위 「만다라」 수관과 산문을 나서는 법운.
오른쪽 「만다라」 암자에 기거하던 지산에게
법당을 차린 무당이 점안식을 부탁한다..

181

것을 볼 때마다 얼굴 들기 민망하지요. (웃음) 「만다라」에 대해 내 얘기는 이쯤
에서 마무리를 짓고 질문 받겠습니다.

유지나…	「만다라」는 감독님이 책을 읽고 마음에 들어서 제작자를 찾으신 경우인가요?
임권택…	그렇습니다. 이것은 내가 무슨 일이 있어도 영화화했으면 했고 그래서 제작자에게 강력하게 고집했지요. 전에는

내가 하고 싶은 작품이 있어도 무슨 사정이 있다고 하면 포기하고는 했는데,
이 작품은 내가 감독 생활한 이래로 처음 집착했던 작품이지요.

학생 3…	이 영화에서 종교 문제와 삶의 문제 사이에서 갈등하고 결국 죽음을 택하는 지산 역할을 전무송 씨가 하셨지요.

그 후 감독님 작품 「아제 아제 바라아제」를 보면 다시 전무송 씨가 출연하거든
요. 주인공인 순녀의 아버지로 강하게 암시가 되는데, 「아제 아제 바라아제」를

「만다라」 지산이 눈 위에서
구도하는 자세로 얼어 죽어 있다.

「만다라」의 연장으로 본다고 가정한다면 그가 죽음에서 다시 부활한다는 의미로 등장하는 게 아닌가 생각됩니다. 감독님께서 의도하신 건지요?

임권택⋯ 그런 오해가 생길 줄 알았으면 전무송 씨를 출연시키지 않았을 겁니다. 쓸데없는 오해를 산 거 같군요. 「만다라」와 「아제 아제 바라아제」를 연장선 상에 놓고 배역을 결정하지 않았어요. 다만 전자가 소승적 수행을 해가고 있는 비구승들의 이야기라면, 후자는 대승적 수행을 하는 비구니승을 다루었다는 점에서 어떤 연계를 찾을 수는 있겠지요.

학생 4⋯ 감독님께서는 배우가 열심히 캐릭터에 몰입하는 분위기를 감독이 이끌어야 한다고 말씀하셨습니다. 그러기 위한 나름대로의 특별한 방식이 있으신지요?

임권택⋯ 별다른 방식은 없어요. 우선 연기자나 스태프들 앞에서 태만해 보이지 않으려고 애를 씁니다. 나 스스로 모범을 보이려고 하지요. 예를 들어 현장에서는 남보다 먼저 일어납니다. 심지어는 전날 함께 술을 마신 후라도 항상 내가 제일 일찍 일어나요. 물론 주된 목적은 찍을 영화를 구체적으로 생각하는 시간을 가지기 위해서지만⋯⋯. 그리고 모든 사람들의 창의성을 존중할 때 비로소 그들이 영화 작업에 즐겁게 참여할 수 있다는 사실을 알고 있기 때문에 연기자, 스태프를 늘 존중하는 마음을 가집니다. 그리고 특히 자기 제어가 필요해요. 가령 어느 연기자의 연기가 맘에 들지

「만다라」 법운이 지산의 시신과 암자가 불타는 것을 바라보고 있다. 안성기는 1981년 제18회 〈한국연극영화예술상〉 남자 연기상을 수상했다.

않는다고 무조건 화를 내면 그 연기자가 연기를 제대로 하겠어요? 기분이 상하더라도 현장에서는 감정을 누르고 그들이 최대한 창의성을 발휘하도록 애써야 합니다.

학생 5…   감독님 영화에는 인물의 대사를 통해 영화의 주제나 의미를 친절하게 설명하는 측면이 많다고 생각됩니다. 그래서 영화가 감동적으로 끝났다고 여기면서 의미를 다시 한번 되새기려는 찰나, 다시 영화가 이어지는 경우가 있거든요. 「만다라」에서도 마찬가지인데 그 점에 대해서 감독님은 어떻게 생각하시는지요?

임권택…   지산과 친했던 법운이 그의 죽음에 대해 어떤 반응을 보이는가를 그리는 것은 중요했습니다. 지산의 행적도 수행이라면 수행인데, 그렇다고 열반의 세계에 들어갔겠는가라는 점을 두고 보면 노력은 있었지만 도달하고자 하는 세계에 가지 못했을 거라는 느낌을 주고 끝나는 게 중요한 것이죠. 특히 불교라는 것은 자력 신앙이라고 하는데…… 정신적으로 어떤 완성의 세계라고 할지, 해탈의 세계라고 할지, 열반의 세계라고 할지, 그것을 지향해야 한다면 거기까지 낭비 없이 잘 갈 수 있겠느냐 하는 부분이 제일 중요한 부분인 거예요. 이 두 주인공도 해탈이나 열반을 목적으로 수행을 했죠. 그러나 지산은 그런 계율 밖의 수도자적 생활을 통해 완성의 세계에 확실히 들어갔다는 아무런 보장이 없다는 점을 감독이나 관객이나 모두 알아야 합니다. 이게 불교 영화가 아니라면 그렇게까지 갈 필요가 없죠.

그러나 여기서 문제는 무언가에 집착하고 그것을 끊지 못하는 것이죠. 목적한 데로 갈 수 없는 가장 큰 원인도 바로 이 집착입니다. 그러면 법운의 입장에서 앞으로의 수행을 위해 얻어낼 수 있는 가능성이란 어떤 것일지 살펴봅시다. 법운의 마음속에서 집착으로 남아 있는 건 바로 어머니의 문

위 | 「만다라」 법운이 지산을 따라 만행을 나서고 있다.
오른쪽 | 「만다라」 도입부에서 처음 만난 지산과 법운이 잠시 함께 황량한 길을 걷고 있다.

제지요. 어머니를 만나서 자기를 버리고 간 어머니, 이런 어머니에 대한 원망하는 마음을 용서하는 마음으로 돌려서 집착을 벗어버려야 하는 거예요. 법운이 어쩌면 가능성을 향해 가고 있을지도 모른다는 유일한 꼬투리는 여기 있는 거예요. 바로 이런 문제는 영화가 드라마틱한가, 즉 극적으로 상승이 있느냐 없느냐의 문제를 떠나서 영화의 핵심이기도 합니다.

학생 6… 지금 말씀하신 감독님의 의도가 영화에서 잘 나타나기도 하지만 때로는 모호하게 전달되는 것 같습니다.

임 권 택… 그 부분에 대해선 아까 얘기했던 일본 평론가 사토 다다오 씨의 경우를 통해 설명해 보죠. 다다오 씨는「만다라」를 말레이시아에서 열린 〈아시아 영화제〉에서 봤는데, 당시 그 영화가 이미 베를린인가 이탈리아에서 화제가 된 작품이란 소문을 듣고 흥미를 갖고 봤다는 거예요. 근데 이분은 당연히 한국어를 알지 못합니다. 물론 영어로 자막이 나가고 있지만, 현학적으로 보이는 선문답식의 대사들은 영어를 잘하는 사람들조차도 이해하기가 상당히 어려운 것들이죠. 그런데 연기자들의 연기나 수도자들의 구도행과 그 배경, 이런 것들을 통해서 내용을 이해하고 한국어를 알아듣지는 못해도 그냥 듣게 되는 거죠. 그런데 흥미 있는 것은, 다다오 씨가 뜻은 몰라도 한국어를 무언가 가슴에 와 닿는 언어로 느낀 것입니다. 그분은 이런 부분에 대해 굉장히 칭찬을 했어요.

이런 국내외의 반응의 차이는 지난번에 말한「길소뜸」의 경우에도 있었습니다.「길소뜸」에서 나는 KBS TV에 나간 이산 가족 상봉 프로그램을 몇 부분 골라서 썼는데, 외국에 나가 이 영화에 대한 평을 들으니 "더 많은 사례들을 보여주지 왜 그것만 넣었냐?"라고 하더군요. 그런데 국내에서는 그

「만다라」지산이 젊은 시절 깨우침을 얻기 위해 고행을 하고 있다.

렇게 뻔히 다 아는 것을 왜 여러 번 넣어가지고 시간을 허비하느냐는 질문을 하는 거예요. 한 영화를 두고 벌어지는 이런 상반된 반응을 보면 영화의 의미는 때로 사회나 문화에 따라 다르게 전달된다는 것을 느끼게 됩니다.

학생 7… 대사 말씀을 하셨는데요, 한국 관객에게도 때로 대사가 들리지 않는 경우가 꽤 있는데, 후시 녹음이어서 그런 것인가요?

임권택… 「만다라」는 후시 녹음이지만 당시로 볼 때 기술적으로는 잘된 편입니다. 영화 음향에 대해 어느 정도 일가견이 있는 사람도 이 영화가 동시 녹음인 줄 착각하는 사람들이 많았거든요. 나는 사실 후시 녹음과 동시 녹음에 큰 차이를 두지 않아요. 현장음을 제대로 녹음해서 정교하게 작업하면 동시 녹음 못지않은 효과를 보게 되는 경우도 있거든요. 물론 여건만 되면 리얼한 효과를 위해 동시 녹음이 좋지요.

유지나… 참고로 말씀드리면 국외에서 동시 녹음과 후시 녹음을 따지는 계기 중 하나가 배우들의 더빙 문제였어요. 해외 영화제에서 더빙을 한 배우의 연기는 목소리 연기를 평가할 수 없기 때문에 제외시키죠. 과거 한국 영화에서 배우들의 목소리 더빙 연기가 문제가 되어 영화제에서 공신력을 인정받지 못하던 적도 있었습니다. 물론 지금은 동시 녹음이건 후시 녹음이건 배우들이 모두 직접 녹음을 합니다.

임권택… 외국 사람들이 우리 언어를 모르는데도 귀신같이 그런 부분을 언급해요. 실제로 어떤 영화는 동시 녹음을 했는데도 후시 녹음 된 거 아니냐고 의심받을 때도 있어요. 「창」도 그런 질문을 받았는데, 우리가 오픈 세트를 지어놓고 주위의 도시 소음이 들어올 수 있는 조건에서 동시 녹음으로 찍었는데도 어떤 이는 혹시 후시 녹음이 아니냐고 하더군요. 사실 동시 녹음이건 후시 녹음이건 중요한 것은 그 연기자의 목소리인가 하는 점이고 영화의 사실감을 제대로 살려내고 있느냐입니다. 여러분도 영화를 만들 때 그런 것들을 미리 알고 한다면 시행 착오를 하지 않을 겁니다.

벌써 시간이 다 지났는데요, 다음 시간에 만나기로 하고 여기서 마치죠. (학생들 박수로 답례) ■

다시 돌아온 출발점에서, 영화 인생을 시작하는 이들에게

유지나 … 　오늘은 임권택 감독님의 연출 세계를 직접 듣는 이번 학기 마지막 강의입니다. 우선 「족보」에 대한 이야기를 듣고, 감독님이 마지막 시간에 다루시겠다고 예고한 연기자관이나 연기 지도에 대한 이야기도 들을 것입니다.

임권택 … 　오랜만입니다. 마지막 강의라고 생각하니 시원섭섭합니다. 그동안 내가 말하고자 한 것이 여러분에게 제대로 전달됐는지 궁금합니다. 나 자신의 작품 세계와 연출관을 지속적으로 강의를 통해 전달하게 된 것에 의미는 있다고 생각합니다.

오늘은 「족보」에 대해 이야기를 하도록 합시다. 「족보」는 1978년 작품인데, 시네마스코프 사이즈로 찍었어요. 그렇기 때문에 비디오로 옮기면 양쪽 화면이 잘려나갑니다. 그래서 그 면모가 거의 드러나지 않아 비디오로만 볼 경우 잘 이해할 수 있을지 걱정이 되기도 합니다.

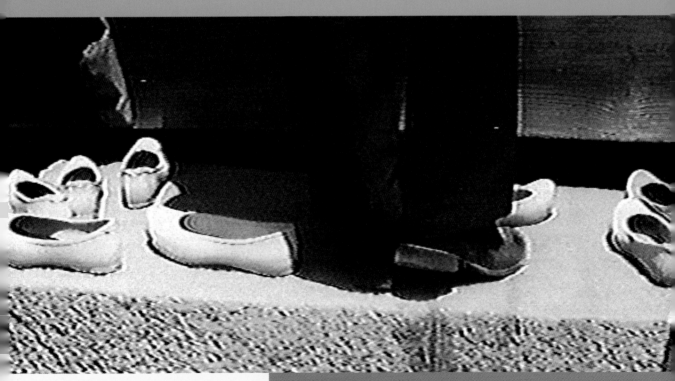

「족보」(1978), 일제의 강압을 견디다 못해 창씨 개명을
하고 난 뒤 자결한 한 집안 종손의 이야기를 통해 가문이
한국인들에게 갖는 의미를 그려냈다.

어쨌든 내 스스로 판단하기에는 20년 전 영화치고는 잘 찍은 것 같아요. 「족보」를 마지막 강의로 예정하고 여러분에게 보여주고 또 이야기하게 된 것에는 특별한 이유가 있어요. 내가 갖고 있는 영화의 의미가 가장 선명하게 드러난 작품이기 때문에 이 영화로 결론에 해당하는 이야기를 하고 싶었던 것입니다.

「족보」는 가지야마 게이지라는 일본 사람이 쓴 작품을 토대로 한 것입니다. 이 영화의 소재인 '창씨 개명'은 한국인을 완전히 일본화시키려는 '내선 일체 정책'의 일환이었지요. 여기서 '내'는 일본, '선'은 조선의 '선鮮' 자에서 따온 것인데, 일본과 조선이 한 민족이라는 말도 안 되는 논리였어요. 한국 작품 중에 창씨 개명을 정면으로 다룬 작품을 나는 아직 보지 못했어요. 내가 미처 모르고 있는 것인지도 모르지만.

그런데 가지야마라는 일본 작가가 쓴 이 작품은 저자가 일본 사람이면서도 양심적인 지식인의 시각에서 당시의 시대적 상황과 일본인의 극악무도함을 잘 묘사하고 있다는 점에서 특이합니다. 이 영화는 NHK 위성 방송에서 최초로 방송된 한국 영화였어요. 그런가 하면 요모다 이누히코라는 일본 평론가는 「족보」를 보고, 원작 소설과 영화를 비교 분석해서 차이점을 조목조목 제시하기도 했어요.

바로 이런 점을 여러분이 주목해 주었으면 해요. 원작 소설에서는 멸망해 가는 조선을 기정사실화하면서 일본인의 비정함과 한국인의 비통함을 그렸어요. 반면 한국인인 내가 바라보는 시각은 반대였지요. 나는 연출자로서 이 소설을 내 나름대로 해석해서, 자신을 희생하면서도 한국 문화를 지켜내려는 강한 의지를 가진 한국인을 중심으로 영화 속에 당시의 시대를 담아냈어요. 멸망해 가는 민족이 지닌 황혼의 비애가 아니라 반대로 민족 문화를 지키려는 한국인의 강한 의지와 긍지를 담아내려 했던 것이죠.

『한국 영화 연구 1』을 조금 인용하겠어요. 원작과 영화 「족보」를 비교해서 요약해 놓은 글이 있거든요. 우선 원작부터 인용해 보죠. 다니라는 일본인 주인공이 수원 쪽에 있는 설씨 집을 찾아갑니다. 주인공이, 창씨 개명을 하도록 설씨를 설득하러 가는 길의 풍경 묘사지요. "국도를 따라 작은 내가 흐르고 있다. 파란 풀이 덮였던 둑도, 포플러 가로수도 이제는 갈색으로 모습을 바꾸고 있다. 빨래를 하고 있던 농부의 손이 찬물에 빨갛게 얼어버린다. 마른 풀 위에 널어놓은 흰 저고리와 치마는 무딘 초겨울의 햇살을 받으면서 왠지 을씨년스러운 느낌으로 눈에 비친다. 길의 좌우는 넓고 끝없는 논으로, 추수가 끝난 그루터기가 우수수 기분 나쁠 만큼 정연하게 끝없이 이어지고 있었다. 나는 조금 일찍 왔더라면 좋았을 텐데라고 생각했다." 원작 소설에서는 이렇게 묘사한 반면, 영화「족보」는 "봄에서 여름으로 진행하면서 농촌의 명랑하고 유쾌하며 풍요로운 이미지가 화면 가득히 강렬한 색채로 전개된다. 다니가 덥수룩하게 수염을 기른 채 오직 한 사람의 일본인으로서 음울하게 걸어가는 설씨 저택으로의 길은 선명한 초여름의 논으로 둘러싸여 있고, 젓가락이 굴러도 웃는다는 처녀 세 명이 붉은색, 흰색, 푸른색의 민족 의상을 입고 뭔가 즐거운 듯 재잘거리고 떠들며 다니의 곁을 지나간다. 풍경은 다니의 내면 표상으로서가 아니라 반대로 그를 멀리하고 고립화시켜 버리는 작용을 한다."(193쪽 사진 참조)는 겁니다. 원작과 영화는 이런 식으로 다르지요.

여기에서 설씨는 진짜 순창에서 살았던 사람인데, 창씨 개명을 거부하면서 돌을 안고 우물에 빠져 죽은 실제 인물을 토대로 했어요. 실제로 그분은 부자가 아니라 선비인 반면, 원작에서는 그를 선비이자 갑부인 사람으로 묘사하고 있어요. 게다가 일본군에 군량미를 헌납할 정도의 친일파로 묘사했어요. 실제 순창 설씨가 죽었을 때는 장례식조차도 일본 경찰에 의해 제지당해 몰래 가족끼리 조용히 치렀다고 하는데 영화에서는 그 부분을 약간 수정했어요.

처음에 주선태(198-199, 200쪽 사진 참조)라는 연기자를 설씨라는 배역으로 선택했을 때입니다. 각색한 시나리오 작가와 제작진들이 배역에 대한 불만을 토로했어요. 깡마른 선비형이 좋다고 믿었던 사람들이 퉁퉁한 그를 보고 맘에 들지 않아 한 것은 당연하겠지요. 그러나 나는 그런 반대 의견을 무릅쓰고 그를 선택했어요. 나는 자기 재산을 지키려고 친일도 하는 갑부 이미지와 어느 정도의 선비적 자질 역시 보여줄 수 있는 인물을 원했어요. 그래서 풍채 좋은 주선태라는 배우가 적격이라고 생각했지요. 결국 영화가 완성되었을 때 이런 선택이 옳았다는 것을 알게 되었지요.

또한「족보」는 내가 연출자로서 본격적인 미장센을 갖추면서 만든 영화 중 첫 시도였기에 의미 있는 영화지요. 그리고「족보」는 한국인의 뿌리를 지켜내려는 주인공의 노력을 통해 한민족의 긍지를 잘 보여주고 있어요. 장례식에 참석한 일본인 주인공과 상가 사람들을 통해서 반일 감정이 상당히 격조 있게 다루어진 점, 그리고 상가의 흰옷이 슬픔이 아니라 활력으로서 보이는 측면은 이 영화의 가치를 한층 높여주는 부분으로 미장센의 효과를 보여줍니다.

만일 내가 「축제」를 찍은 후에 이 장면(203쪽 사진 참조)을 찍었으면 이런 실수는 없었을 겁니다. 상주가 이쪽에 서면 안 돼요. 오른쪽에 서야 하는데 왼쪽에 서 있어요. 그런데 이것이 말썽이 없이 넘어갈 수 있었어요. 아마 흥행이 안 된 탓에 많은 사람이 보지 않아서 문제를 제기할 기회조차 없이 그냥 넘어갔을 겁니다. (웃음) 잘못된 곳이 또 있어요. 일본 기모노는 목 뒤 부분에 여유가 있어야 합니다. 그런데 한복처럼 목 뒤에 여유 없이 입고 있는 거지요. 일본인들이 지적한 부분이지요.

그런 결점이 있지만 그래도 일본에서는 「족보」에 대한 평가가 상당히 좋아요. 한 평론가의 말을 소개하죠. "하지만 1978년 한국에서 촬영된 「족보」는 한국인의 시점으로 새로운 미의식을 보여주면서 흰색에 대한 의미를 바꾸어놓았다. 흰색은 이미 우수의 색깔이 아니라, 한민족의 뿌리로서 공유되는 투명하고도 강렬한 흰색이다. (189쪽 사진 참조. 한복과 양복, 고무신과 구두의 색채가 대비된다.) 「족보」가 제시하는 민족주의 이데올로기를 영화 외부 정황과 관련해서 분석하기는 아직 시기가 이르지만 1960–1970년대 한국 영화의 한 성과로서 「족보」를 생각해 본다." 이런 말을 통해 보더라도 일본에서 일단 「족보」는 상당히 좋게 평가되었습니다.

그렇다면 내가 일본에 대해 갖고 있는 생각을 말해 보조. 내가 초등학교 2, 3학년일 때의 일입니다. 우리 가정을 보면 반일 감정이 크게 외부로 드러나지는 않았지만 속으로는 크게 쌓여 있었어요. 그래도 우리 가족은 식민지 시대를 겪으면서 완전히 절망하며 살지는 않았지요. '한' 이 오히려 불행을 이겨내는 생산적인 힘이 되었어요. 내가 원작과 다른 시각에서 「족보」를 찍을 수 있는 바탕은 바로 이런 어린 시절의 개인적 체험에서 비롯된 게 아닌가 생각합니다.

결과적으로 영화가 가진 주제가 원작보다 훨씬 승화되었다고 볼 수 있지요. 조금 전에도 언급했지만 이 작품은 연기자 선택에서 성공한 영화입니다. 주선태 씨는 신체적 조건뿐만 아니라 감정을 크게 드러내지 않는 연기를 아주 잘해 냈어요. 이를테면 끝까지 자기의 뿌리를 지켜내는 과정에서 내면의 갈등을 잘 표현해 내고 있죠. 주선태 씨는 과거 화제작이었던 「자유부인」에서도 엉큼한 사

기꾼 연기를 잘 해낸 인기 배우였어요.

나는 영화를 촬영하면서 연기자와 함께 작업을 하는 것을 원칙으로 합니다. 우선 작품을 놓고 연기자와 같이 해석합니다. 감독과 연기자 간에 작품 해석이 다르면 문제가 생기게 마련이지요. 사실, 작품을 주도적으로 이끄는 사람은 감독입니다. 그런데 연기자가 멋대로 성격을 정해서 연기를 해봐야 아무 소용이 없지요. 그러므로 연기자가 배역에 몰입하도록 감독이 분위기를 함께 맞추어나가야 합니다. 따라서 연기자는 촬영 현장에서 늘 스태프들과 함께 생활하는 것이 가장 좋지요. 복잡하고 어려운 연기인 경우에는 연기자와 상의해서 연기자가 잘 연기하도록 일정을 조정하기도 합니다. 연기자가 시나리오를 읽고 대충 이해한다고 하더라도 자기 역을 완벽하게 소화하는 데는 시간과 노력이 필요하기 때문이지요. 비단 연기자뿐 아니라 전 스태프들과 일을 원활하게 진행하려면 감독은 많은 노력을 기울여야 합니다.

다니가 창씨 개명을 권유하기 위해 설씨 집안을 찾아가고 있다. 풍요로운 초여름의 자연 풍경과 어두운 일본인 다니의 모습이 대비를 이루고 있다.

감독이 연기자의 역할을 정하는 건 사실이지만 연기자의 의견을 무시하는 것은 아닙니다. 연기자는 각자 스스로 쓰는 의견란을 갖고 있어요. 자신의 배역에 관한 견해를 쓰는 난이지요. 그리고 나와 서로 의견을 교환하도록 하면서 연기자의 의견을 수용합니다. 하지만 영화의 큰 맥락에서 벗어나는 부분은 내 지시를 따르게 합니다. 따라서 주관이 뚜렷한 것도 중요하지만 감독의 요구에 적절히 대응하는 순발력도 연기자에게는 요구되지요.

이왕 말이 나온 김에 그동안 여러분의 질문에서 미루어두었던 연기자에 대한 것을 계속 이야기하도록 하죠. 연기는 큰 틀에서 보면 전형이 있어요. 그러나 전형적인 연기만으로는 배우가 절대 성공할 수 없어요. 전형 안에 묶이면 개성이 상실되지요. 따라서 배우는 자신의 개성을 살리면서 창의적인 표정이나 몸 동작을 연구해야 합니다. 그렇다면 배우가 자신의 개성을 어떻게 발견하는가 하는 문제가 생기지요. 일반 사람들의 감정과 표정을 관찰하는 겁니다. 그리고 상황을 설정해서 감정 이입을 통해 연기를 해보면 연기가 달라지지요. 다큐멘터리 영화에 등장하는 사람들의 감정의 추이를 따르는 방법도 좋습니다. 그렇게 연습하다 보면 자신만의 독특한 연기 세계를 만들어갈 수 있을 겁니다.

「장군의 아들 2」의 여주인공을 기억하나요, 여러분? TV에서 그 배우를 보고 깜짝 놀란 적이 있어요. 난 그 배우가 술집 작부 역할을 잘 해낼 수 있는 연기자라고는 생각하지 못했어요. 내 앞에서는 전혀 그런 모습을 보이지 않았기 때문입니다. 물론 자신이 몰두하는 역할의 틀 안에 있기 위해서였겠지만 당시 송채환이라는 배우가 그런 '끼'를 가졌다고 생각하지 못했거든요. 배우는 평소에도 자신의 '끼'를 발휘할 필요가 있어요. 자신이 가지고 있는 다른 면을 일부러 "감독 너 봐라." 하면서 감독 앞에서 드러내 보이지는 않더

옥순이 헌병대에 끌려간 약혼자를 구해달라고 다니에게 애원한다. 다니 역의 하명중은 이 영화로 1978년 제17회 〈대종상 영화제〉 남우 주연상을 수상했다.

라도 자유 시간에 그 '끼'를 보이면 배우의 능력을 찾아내려는 감독의 눈에 띄기 마련입니다. 그리고 다음 작품에서 적절한 배역이 있으면 감독은 그 배우를 떠올리게 되지요.

나는 훌륭한 연기자로 김승호 씨를 우선적으로 꼽아요. 그 배우는 자신의 의상을 스스로 선택하고 챙깁니다. 연출 부원이 준비한 의상이 늘 만족스럽지 않은 거지요. 영화 제목은 기억나지 않지만 김승호 씨가 난장에서 호떡 장수로 나오는 영화가 있었어요. 하루는 이 배우가 옷을 입고 왔는데 밀가루 반죽이 군데군데 묻어 있더군요. 일부러 묻힌 겁니다. 바로 호떡 장수 차림새를 보여주기 위한 거지요. 김승호 씨는 이렇게 자신의 역할을 철저하게 분석하고 소화해 보여주는 연기자입니다.

김승호 씨에 관해서는 또 다른 일화가 있어요. 내가 조감독 하던 시절 얘기입니다. 소요산 절 밑의 폭포에서 촬영하던 중이었어요. 폭포 안에서 사금을 캐다가 허장강 씨와 김승호 씨가 싸우는 장면이 있었지요. 너무 물이 맑아서 버린 깡통이 다 보이는 겁니다. 깡통을 치우는 일은 조감독 몫이었지요. 조감독인 내가 물에 들어가니 물이 어찌나 차던지 발바닥이 오그라들 정도였어요. 그런데 두 배우는 물속에서 촬영이 다 끝날 때까지 나오지 않았어요. 비록 좋은 영화는 아닐지라도 혼신의 힘을 다해 연기하는 배우는 늘 있기 마련입니다. 그리고 그런 배우가 생명력이 길지요. 그리고 오래 살아남은 감독 중에는 임권택이라는 감독이 있다고 하죠, 아마? (웃음)

나는 조감독 생활을 한 5년 하고 나서 스물여섯에 감독이 되었어요. 비교적 젊은 나이에 감독이 되는 게 좋은 것만은 아니었지요. 감독은 현장을 통제하고 운영해 나가는 역할을 수행해야 합니다. 감독이 연기자에게 기선을 빼앗기면 문제가 심각해지지요. 당시 나는 이 문제를 극복하기 위해 많은 노력을 했어요.

한번은 독립군이 강을 건너는 장면을 촬영하고 있었어요. 초겨울이었어요. 추우니까 강에 들어가려는 사람이 없는 겁니다. 그때 내가 먼저 물속으로 뛰어들었어요. 그제서야 배우들도 물속으로 들어가더군요. 솔선수범하지 않았으면 내 말을 따르지 않았겠지요. 그리고 김승호 씨 같은 대 스타들은 현장에서 NG를 주면 꼭 그 이유를 묻습니다. 그때 감독이 대답을 제대로 하지 않으면 모두 감독을 우습게 보지요. 다행히도 나는 정창화 감독의 조감독으로 있을 때 쌓은

훈련 덕분에 세세하게 연기 지적을 할 수 있었어요. 정창화 감독이 조감독에게 연기가 어떠했는지에 대해 꼭 묻는다는 얘기는 아마 첫 시간에 한 걸로 기억하는데요. 그 후로는 어린 감독이라고 나를 우습게 보지 않았지요.

지금까지 강의를 해오면서 내가 너무 내 작품에 흠집을 낸 게 아닌가 하는 생각이 듭니다. 그래도 자신이 해놓은 것이 없다면 흠잡기도 어렵지요. 여하튼 여러분들은 내 옥에 티 찾기 작업을 긍정적인 시선으로 봐주기 바랍니다. 그리고 이 작업이 여러분이 나중에 영화 작업을 하는 데 유용했으면 합니다. 지금까지 내가 연출한 영화가 전부 몇 편인지 아는 사람 있어요? 아흔일곱 편(2007년 현재 「천년학」을 합하면 100편이다. ─ 편집자)이지요. 졸속으로 이루어진 영화가 대부분이었지만 그런 영화조차도 지금 생각하면 내가 이 자리에 서기까지 많은 도움을 주었습니다. 영화 현장에서 필요한 순발력은 그런 작품들을 연출하면서 형성된 것입니다.

「증언」이라는 군사 영화를 찍은 적이 있어요. 17연대를 강원도 촬영 현장으로 이동시키고 탱크도 1개 대대나 동원했어요. 규모가 상당했지요. 그런데도 나는 당황하지 않고 현장을 통솔해서 이끌어가는 순발력을 보였지요. 사실 좋은 의미에서는 순발력이지만 그 이면에는 우리의 졸속 제작 방식이 있다는 것을 같이 생각해야 할 겁니다. 여러분, 순발력을 기른다고 설마 나처럼 영화 작업을 하려는 사람은 없겠지요? (웃음) 우리 세대는 그렇게 했더라도 여러분은 완벽한 준비하에 영화 작업에 들어가야 합니다.

나는 영화 속에 리얼리티가 담겨야 한다고 고집하는 감독입니다. 내가 여기서 말하는 리얼리티란 내 개인적인 삶의 체험에서 나오는 것이라기보다 좀더 넓은 의미의 것으로, 다양한 우리들 삶의 경험에서 우리 모두가 공유하는 것으로부터 나오는 것입니다. 물론 영화는 단순한 오락물일 수 있어요. 그러나 나는 영화란 우리의 삶에 대한 창조와 지혜의 예술 양식이라고 봅니다. 우리의 삶 자체를 아름답고 행복하게 만들기 위한 노력으로서 영화가 우리의 삶에 기여해야 한다고 생각해요. 내가 〈샌프란시스코 영화제〉에서 구로사와 상을 받을 때 인사말로 몇 자 적은 게 있어요. 내 영화관이라고도 할 수 있는 것이어서 여러분에게 소개할게요.

"싫든 좋든 더불어 살아갈 수밖에 없는 오늘의 지구촌을 황폐하고 거친 꽃밭으로 비유해 봅니다. 그런 지구촌을 아름다운 꽃밭으로 가꾸는 데 영화라는 매체도 한몫해야 한다고 생각합니다. 나는 아시아의 극동에 있는 한국이라는 나라에서 태어나고 자랐습니다. 영화 감독으로서 제가 할 수 있는 일은 그곳에 살고 있는 사람들의 삶과 그들만이 가지고 있는 문화적 개성을 필름에 담아서 세계라는 큰 꽃밭을 아름답게 가꾸는 데 아주 작은 꽃으로서, 아주 작은 부분이나마 일조를 하는 것입니다."

이것은 노장 감독으로서의 내 영화관입니다. 따라서 이것이 여러분의 영화관이 되어서는 안 됩니다. 왜냐하면 이제 영화의 국적을 묻는다는 것이 촌스러워질 정도로 영화의 보편성이 이루어졌어요. 변화된 영화 세계에서 여러분의 영화관도 당연히 바뀌어야겠지요. 이제부터는 여러분의 이야기를 듣도록 하죠.

학생 1 … 감독님의 주요 작품들 중에는 원작 소설을 각색한 것이 상당히 많습니다. 「족보」, 「만다라」, 「불의 딸」, 「장군의 아들」, 「서편제」 등 대표작들이 대체로 그러합니다. 그러나 이런 경우 항상 영화가 원작 소설과 비교 평가되는 경우가 많지 않습니까? 저는 그 경우가 감독으로서의 독창성 부족을 나타내는 것일 수도 있다고 생각하는데 감독님 의견은 어떠신지요?

임권택 … 오리지널 시나리오로도 좋은 평가를 받고 있는 작품이 없는 게 아닙니다. 「길소뜸」, 「짝코」 등이 그런 작품이지요. 요컨대 내 작품의 계열을 보면, 식민지 시대를 다룬 영화 「족보」, 해방 이후 나라의 어떤 혼란을 다룬 「깃발 없는 기수」, 그리고 분단 문제와 이데올로기 갈등을 다룬 「짝코」, 「길소뜸」, 「태백산맥」 등이 있습니다. 크게 보면 나는 이런 식으로 우리가 살아온 수난의 세월을 영화화해 왔다고 할 수 있어요. 내가 말하고자 하는 요점은 이렇습니다. 나는 우리의 수난사를 영화에 담고 싶었어요. 그런데 적당한 시나리오가 없는 경우 좋은 원작을 각색하게 된 거지요. 별다른 의미는 없어요.

그러나 원작을 영화화할 경우 나는 원작에 충실해서 영화를 연출하지는 않습니다. 단지 소재를 빌려서 감독의 이야기로 풀어내 영화를 만들어가지요. 따라서 감독의 독창성에 대한 의문을 갖는 것은 불필요하지 않을까 생각해요. 내가 영화에 담고자 하는 이야기는 늘 원작에 매이지 않는다는 것을 다시 한번 강조하고 싶군요.

유지나…　제가 보기에도 감독님의 경우는 원작 소설
을 각색하더라도 가장 창의적으로 원작을
해체하고 자신의 시각으로 재구성한다는 점에서, 창조적인 각색
영화의 가능성을 보여주시는 모범에 속합니다. 「서편제」만 해도
여러 편의 단편 소설을 장편 영화 내러티브로 완전히 개작해서
만든 영화이고, 「족보」도 원작자와는 다른 시각에서 내러티브를
풀어가고 있지요. 여러분도 원작 소설과 감독님의 영화를 비교
해 보면 쉽게 발견할 수 있는 부분이라고 생각합니다.

학생 2…　감독님은 작업하실 때 편집이나 녹음 등 후
반 작업에는 얼마나 참여하시고 어떤 식으
로 관여하시는지요?

임권택…　감독은 처음부터 끝까지 영화의 전 과정에
적극적으로 개입하지 않을 수 없어요. 가령
편집을 할 때, 나와 편집자가 서로 의견이 일치하지 않는 경우가
있을 것 아닙니까? 그것은 영화 자체의 인상을 바꿀 우려가 있어
요. 아주 사소한 것이라도 같이 작업해야 나중에 문제가 생기지
않아요. 비디오 작업도 잘못되면 감독이 수정해야 됩니다. 하여
튼 영화 프린트가 나올 때까지는 처음부터 끝까지 개입하지 않으
면 안 되지요.

학생 3…　좀 엉뚱한 사적인 질문인데요. 결혼에 대해
서 어떻게 생각하시는지요?

임권택…　질문의 의도를 모르겠는데요.

학생 3…　감독님의 결혼이나 개인적 삶이 영화에 어
떤 영향을 미쳤는지 듣고 싶습니다. (웃음)

임권택…　나는 아주 늦게 결혼했어요. 그래서 지금 고
등학교 2학년, 3학년인 두 아들을 두었어
요. 내가 아직은 젊어 보이지요? 어떤 사람은 멀리서 보면 마흔

정도로 보인다고 하던데……. (웃음) 늦게 자식을 본 게 상당히 부담스러울 때도 있었지요. 내가 감독으로서 도태될 위기에 처해 있을 때 삶 자체와의 투쟁이 굉장히 치열했어요. 그러나 내 삶이란 것이 나만의 삶이 아니라 아이들과의 삶이었기에 그런 위기 상황을 극복했다고 봅니다. 그리고 영화 작업에도 아이들이 많은 영향을 미쳤어요. 나중에 자식들이 보더라도 부끄럽지 않은 영화를 만들어야겠다고 생각했기 때문입니다. 삶에서 중요한 체험을 남보다 늦게 했지만 나도 남들 못지않은 행복을 가정의 울타리 안에서 느끼고 있어요. 그런데 가끔 내 아내가 "당신은 자식들이 없어도 지금과 조금도 달라질 사람이 아니지요."라는 말을 해요. 내가 아무래도 일 중독에 걸려 가정을 소홀히 해서 그런 말을 하나 봅니다. 그러나 나는 일을 안 하면 불안하거든요. 여하튼 여러분도 어차피 결혼을 하려면 빨리 하세요. 내 청년 시절에는 영화 감독 하면, 순 이상한 짓 하는 사람으로 여겨서 딸 주려고 하는 부모가 없었어요. 그래도 지금은 영화인에 대한 사회적 인식이 굉장히 좋아지고 있지요. 그런 점에서는 나도 그것에 기여한 바가 큰 사람이라고 생각해요.

학생 4 … 콘티를 짜실 때 어떤 단계를 거치고 분석해서 배우들의 동선을 결정하시는지 궁금합니다.

임권택 … 나는 얼마 전까지만 해도 내가 그려내고자 하는 미장센이 있으면 개략적인 큰 틀을 잡고 그 안에 연기자를 몰아넣는 방식으로 찍었어요. 그러나 그것만 갖고는 어렵다는 것을 알게 되었어요. 어떤 신 안에서 무엇을 얼마만큼 해내야 할 것인가는 어차피 시나리오에서 정해져 나옵니다. 이제는 세트에서든지 자연적인 배경에서든지 그런 것을, 시대적 배경까지 포함해서 좌우간 그 신이 해내고자 하는 것을 모두 미장센으로 어떻

왼쪽 | 설진영이 자갈길을 걸어 창씨 개명을 하러 간다.
위 | 창씨 개명 후 돌아오는 설진영. 죽음을 결심한 듯 초연한 표정이다.

게 잘 담아낼 것인가를 중심으로 생각하는데, 바로 그 안의 한 요소로서 연기자의 연기를 조화시켜 배역 자체를 승화시키는 것에 굉장히 노력합니다.

가령 나는 상당히 돈을 들여서 제작한 영화를 만들기도 한 감독 중 하나인데, 돈을 많이 들이면서도 한계가 있다는 것을 느낍니다. 돈을 많이 투자한다고 해서 미장센이 잘되는 것은 아니니까요. 그래서 감독은 제작 지원에 한계가 있을 때 이에 슬기롭게 대처하는 능력도 가지고 있어야 해요. 가령 엑스트라가 수백 명 필요한 장면이 있다고 가정합시다. 그런데 제작자가 충분한 지원을 하지 않았어요. 이때 감독이 끝까지 그 규모를 제작사 측에 고집하면서 시간을 낭비한다면 그 영화는 실패하게 됩니다. 감독은 생각을 달리해야지요. 어떻게 하면 많은 인원을 동원하지 않고도 많은 인원처럼 보이게 할 것인가를 고민해야 하는 겁니다. 그것이 우리의 현실이지요. 워낙 시장이 작아서 제작비 규모가 제한될 수밖에 없어요. 따라서 그런 악조건을 어떻게 잘 슬기롭게 넘어가는가 하는 문제를 감독은 끊임없이 생각해야 하지요.

| 학생 5 ··· | 감독님께서는 〈서울 단편 영화제〉 심사 위원을 하시기도 했는데, 요즘 한국 |

의 젊은 감독들의 영화나 단편 영화에 대해서도 평을 해주시겠어요?

| 임 권 택 ··· | 작품을 많이 보지 못해서 뭐라고 이야기를 할 수가 없군요. 지금까지는 감독 |

의 감상이 작품 안에 많이 들어가 작품 자체가 갖는 격조를 무너뜨리는 작품이 대부분이었는데 최근작들은 그런 현상이 많이 나아진 것 같습니다. 반면 감독의 역량을 한 작품으로 판단하기는 곤란한데도 한 영화를 완성해 놓고 악평을 받으면 자신의 방향을 바꾸는 의지 박약형 감독들도 더러 눈에 띕니다.

설진영이 독약을 마시고 자살한다.

200

무엇보다도 젊은 감독들에게 하고 싶은 말이 있어요. 영화를 만들 때는 어느 것을 하든 가슴으로 찍어야 합니다. 손이나 머리로만 찍는 게 아닙니다. 가슴으로 느끼면서 찍는 영화가 아니면 절대 감동을 줄 수 없지요. 욕심을 너무 부려서도 안 돼요. 흥행에 대한 욕심, 대작에 대한 욕심을 부리면 영화가 제대로 만들어지지 않아요. 마음을 비우고 욕심을 버릴 필요가 있어요.

학생 6 … 감독님께서는 사회성 짙은 영화를 많이 만드셨어요. 자료 조사도 많이 하시고 나름대로 공부도 많이 하시는 것 같습니다. 그런 작품을 만드실 때 연출부에게 준비시키는 것이 있는지요?

임권택 … 도서관에서 살아야 한다고 말하지요. 자료 수집하기 위해 엄청난 시간을 들여요. 나는 이제 나이가 들어 직접 다 할 수 없으니까 조감독들을 시키지요. 조감독들에게는 고생이지요. 여하튼 내가 다루고자 하는 소재에 대해서는 전부 알아내기 위해 무척 애를 씁니다. 나는 우리 연출부들이 자료 수집을 통해 영화 외적으로 얻는 것도 있을 거라고 생각해요. 당사자는 고생스럽겠지만 영화 인생을 살 때 굉장히 도움이 될 거라고 생각해요.

학생 7 … 감독님 영화를 보면 세계관이 일관되어 있습니다. 그것은 감독님의 세계관이 크게 변하지 않았다는 점을 보여주기도 하는데 그 이유를 알고 싶습니다.

임권택 … 나는 아직도 분단의 시대를 살고 있고 한국 전쟁의 후유증을 안고 살아요. 그래서 나는 그런 시대를 실제적으로 체험한 한 인간으로서, 그 시대는 어떤 시대였으며 그 시대를 지배한 이념 문제가 우리들 삶에 어떤 영향을 주었는지 잘 알고 있습니다. 그래서 내 영화에 어떤 내용을 담아야 하는지에 대해 생각할 때, 이런 영향력을 무시할 수 없지요. 그런데 새롭게 발굴되는 자료를 통해 공자를 연구한 후대 사람들이 그 당시 사람들보다 공자의 행적을 훨씬 더 잘 아는 것처럼, 직접 그 시대를 겪어온 나보다도 여러분 세대가 내가 하고자 하는 얘기를 더 잘 소화할 수도 있으리라는 생각을 요즘 들어 하게 됩니다.

학생 8 … 「태백산맥」에서 화자인 김범우(안성기 분)가 갖고 있는 중간자적 시선이 감독님의 시선과 일치한다는 생각을 하게 되는데요, 그 점에 대해 어떻게 생각하십니까?

| 임권택… | 김범우라는 인물은 이념의 어느 편에 서서 사는 사람이 아니지요. 그런 면에서 나와 유사할 수 있어요. 「태백산 |

맥」도 이데올로기 문제를 깊이 있게 다룬 원작과는 다른 시각에서 내 스스로의 관점으로 해석해 가며 영화화한 작품입니다.

| 학생 9… | 감독님께서는 앞으로 어떤 영화를 만드실 계획이 있으신 가요? 그리고 영화를 만드시는 데 어떤 형식을 중요하게 |

생각하시는지 말씀해 주세요.

| 임권택… | 다음 작품의 계획에 대해서는 아직 구체적으로 생각하지 못했기 때문에 답변하기 곤란한데요. 그렇지만 나는 지금 |

도 영화 형식에 관해서 변함없이 이런 생각을 합니다. 서양이 '동動의 세계'라면 동양은 '정靜의 세계'라고 말입니다. 그래서 나는 '정' 안에 '동'이 보이는 형식으로 영화를 찍고자 했어요. 그 형식미를 '임권택의 영화 미학'으로 만들어내려는 욕심도 갖고 있어요. 그것이 용이한 일이 아니지요. 구체적으로 그 형식을 어떻게 체현해 내야 하는가 하는 문제는 나도 늘 고민 중입니다.

여러분과 이야기를 하면서 느낀 것은, 내가 생각한 것을 영화를 통해 알기 쉽도록 명료하게 설명해야 했는데 잘되지 않은 듯하다는 겁니다. 이제 영화 연출론을 마치는 시점에 서서 돌이켜보면, 내가 여러분들의 영화 인생에 도움이 되는 말을 했는지 장담할 수도 없습니다. 정재형 교수가 내 영화 「망부석」을 보면서 정창화 감독 스타일과 유사하다는 말을 했는데, 이것은 자기 세계를 구축하는 시간 전까지는 겪을 수 있는 일이지요. 여러분 중에도 혹시 어떤 사람은 내 스타일의 영화를 만들게 될지도 모르는데, 그러면 그 영화는 망해요. (웃음) 남이 한 것을 답습하려고 하지 말고, 창의성을 발휘하는 영화인이 되길 바랍니다.

예전에 내가 시나리오 작가를 만나보면 남의 작품을 읽어보지 않은 사람이 더 창의적입니다. 많이 읽어본 작가에게 내가 "여기를 이렇게 이렇게 하면 어떻소?"라고 하면 그런 작가는 곧 "아, 그것은 일본 작품 어디에 있으니까 그걸 이리 따오죠."라고 하거든요. 여러분은 모방이라도 창의적 모방을 해주길 바랍니다. 안정적이고 괜찮은 직장을 가졌는데도 불만스러워하고 후회하는 사람들을 많이 봤지만 영화계에 종사하는 사람들은 그런 게 덜한 것 같아요. 돈은 잘 벌지

못하지만 아마 모두 좋아서 하는 일이기 때문이겠지요. 좋아하는 일을 평생의 업으로 삼는 인생은 행복하지 않겠어요? 여러분도 영화를 만들 생각이라면 그런 열정이 밑바탕이 되어야 나중에 후회하는 일이 없을 것이라고 생각합니다.

학기 초에는 과연 무슨 말을 하며 '연출론' 이라는 한 학기 강의를 메울 것인가 걱정했지만 어느새 한 학기가 다 가버렸습니다. 이번 강의는 나 자신의 연출 세계를 정리해 보는 점에서 나에게는 큰 의미가 있었는데, 나처럼 끝까지 살아 남은 노장 감독의 연출 세계가 여러분들에게도 도움이 되었기를 바랍니다.

학 생 들 … 　　감사합니다! (학생들 인사와 함께 큰 박수로 답한다) ■

다니가 설진영의 빈소를 찾아가 문상하고 있다.

영화, 어떻게 만들 것인가?

이 글은 연출론 강의를 마친 후 다음 학기 제작 실습 강의에서 임권택 감독이 당시 제작되고 있던 「춘향뎐」의 연출
의도에 대해 밝힌 것을 녹취한 것이다. 임권택 감독의 영화 세계를 보여주는 부분이라는 생각에서 특강의 뒤풀이 겸
마무리 강의로 여기에 소개한다. 이 강의는 성실한 탐색 작업과 사회 문화적인 치밀한 작품 분석을 통해 작품 연출에
들어가는 연구·분석가 임권택 감독의 모습을 독자에게 보여줄 것이다.

임권택 지금 나는 「춘향뎐」을 준비하고 있습니다. 여러분은 왜 하필이면 이제 와서 '춘향전'인가라고 생각할 거예요. 누구나 다 아는 케케묵은 우리 고전을 무엇 때문에 지금 와서 영화로 하는지, 그리고 내가 굳이 그 영화를 만드는 의미가 무엇인지 하는 것들을 의아해할 것입니다.

그래서 내가 이런 문제를 알면서도 왜 「춘향전」을 영화로 만들려고 하는지 설명을 하고 시작해야 할 것 같습니다. 나는 개인적으로 판소리를 들으면 늘 큰 감동을 받곤 했습니다. 오늘 여러분이 내 설명 후 듣게 될 판소리는 조상현 명창이 부른 것으로, 브리태니커 회사에서 LP로 낸 것을 녹음해 온 것이에요.

「서편제」를 준비하면서, 나는 판소리를 영화에 담아야겠다는 생각을 강하게 해왔습니다. 그런데 감독의 입장에서 생각해 보면, 우리나라의 대표적인 소리인 「춘향가」를, 그러니까 한번 완창하는 데 다섯 시간 걸린다는 「춘향가」를 한번도 완전하게 들어본 적이 없었어요. 토막토막으로 「이별가」, 「옥중가」 등을 듣긴 했지만 말이에요. 그래서 일단 한번 다 들어봐야 된다는 생각을 가지고 판소리를 듣게 되었는데 그것이 네 시간 반 걸리는 조상현 씨 소리였어요. 나는 처음으로 완전하게 「춘향가」를 듣는 과정에서 너무 감동을 받았어요. 어떤 부분에서는 소름 끼치는 감동도 느꼈고요. 그런데 다 듣고 나니까 갑자기 무서운 생각이 들더군요. 내가 판소리의 진면목을 잘 알지

「십자매 선생」 1964, 촬영 당시의 임권택 감독.

도 못하면서 괜히 「서편제」 같은 영화를 하겠
다고 어설프게 덤비고 있지 않은가 하는 걱정
도 들었고, 또 판소리에 대한 어설픈 안목을
가지고 시작하는 것에 대한 후회를 했습니다.
준비가 깊이 있게 되지 않았으니 이제라도 덮
어버릴까 하는 생각이 들 정도로 말입니다.
그러면서 이런 감동이 영화 「춘향전」들, 그러
니까 내가 지금까지 봐온 「춘향전」에는 왜 없
었는가를 생각하지 않을 수 없었어요.
여러분들도 더러 TV에서 본 적이 있을 텐데,
옛날 신상옥 감독을 비롯한 여러 감독들이 만
든 「춘향전」 영화들은 판소리가 가진 그런 감
동의 세계와는 전혀 다른 영화들이었습니다.
그래서 그 원인이 무엇인가를 생각해 보았어
요. 아무래도 다른 감독들이 영화를 해나가면
서 판소리가 가진 감동의 세계를 표현하기가
너무 어려웠기 때문에 외면한 것은 아닌가,
아니면 그 세계를 전혀 알지 못했기 때문에
그런 영화가 나온 것이 아닌가 하는 생각을
하게 되었단 말이죠.
내가 언젠가 판소리를 영화로 만들게 된다면,
특히 「춘향전」을 하게 된다면 판소리가 갖는
감동을 화면에 옮겨서 감동을 극대화시키는
영화를 해봐야겠구나 하는 생각을 가지게 되
었고, 그런 내 소감을 기록하기도 했어요. 그
때는 그런 감회를 가지고, 언제쯤 구체적으로
영화를 해볼 것인가를 생각해 보기도 했죠.
그런데 소리를 영화로 옮긴다는 것이 쉬운 일
이 아니었기 때문에 10년도 훨씬 넘게 걸릴 것

이라고 보았는데 결국 6년 만에 하게 되었죠. 그동안 서편제를 비롯해서, 우리 전통 문화 중에서 가장 좋은 것이 무엇일까 고민하면서 그것을 영화로 다뤄보자는 생각을 했습니다. 그러느라 도자기를 비롯해서 많은 것을 취재하며 다녔는데, 그동안에도 계속 「춘향전」을 해야겠다는 생각이 마음 깊은 곳에서부터 밀고 올라오는 거예요. 결국 안으로부터의 소리 때문에 결심을 하게 되었죠. 그렇다면 「춘향전」에 대해서 내가 본격적으로 알지 않으면 안 되겠다는 생각을 가지고 작년부터 연출부들과 함께 도서관에서 살았어요. 찾아보니까 「춘향전」에 대한 자료가 얼마나 방대한지 몰라요. 우리에게 고전 소설이자 판소리이기도 한 「춘향전」이 얼마나 엄청난 관심 속에서 전해져 오고 있는가를 내가 실제로 경험하게 된 계기였던 것이지요.

현재 「춘향전」 판본 중에는 작가도 알려져 있지 않고 연대도 불분명한 것이 80여 편이에요. 서로 다른 「춘향전」인 것이죠. 어떤 소설도, 예를 들면 「홍부전」이고 뭐고 할 것 없이 그렇게 이본異本이 많다는 것은 있을 수 없는 일이에요. 그리고 1920년대부터 지금까지 「춘향전」에 관한 연구가 400여 종의 단행본으로 나왔지요. 이름이 드러난 것까지 「춘향전」의 작품 수는 120여 종. 이런 엄청난 관심을 본 적이 있습니까? 그러니까 한국인이 가장 좋아하는 우리 고전은 「춘향전」이고 「춘향전」에 대한 관심이 막대한 분량의 연구 성과

「단장록」(1964), 촬영 현장에서.

「상해탈출」(1971), 촬영현장에서 연기
지도를 하고 있는 임권택 감독.

와 작품 수로 드러나는 거지요. 1998년 이전
까지 나온 단행본이 400여 편이 되었다고 하
니까 말이에요.

또한 「춘향전」의 번역본이 보관된 곳이 일본,
영국, 프랑스, 러시아, 중국, 독일 등입니다.
우리 작품이 다른 나라에 소장될 정도로 「춘
향전」은 그만큼 대표적인 존재인 거죠. 그러
면 「춘향전」이 우리의 가슴에 영원한 고전으
로 읽히며 생명력을 가지고 남아 있다는 것은
무슨 의미인가를 생각해 보죠.

그것은 이를테면 어떤 개인이, 천재적 재능을
가진 개인이 만들어낸 고전이 아니라, 여러
사람들이 만들어낸 것입니다. 그렇기 때문에
「춘향전」에는 많은 설화들이 존재하지요. 그
중 한 설화를 보면, 춘향이라는 실제 인물이
기생이었고 추녀였습니다. 그 춘향이가 짝사
랑을 하다 원귀가 되어서 죽었는데, 그 지역
에서 가뭄이 든다거나 하면 그 여자를 위로하
는 굿을 했고 그러면 해갈이 되곤 했다는 거
죠. 그래서 그 내용이 굿을 통해 전해지다가
점점 판소리로 바뀌었고 소설이 됐다고 하기
도 합니다. 이렇게 여러 측면에서 보긴 하지
만 아직까지 확실하게 규정된 것은 없지요.
한 작가에 의해 완성된 것이 아니라, 오랜 시
간 쌓여서 이루어진 적층 문학이기 때문에 그
렇겠죠. 그런 얘기가 전해 내려오면서 그때그
때 얘기를 꾸며가는 사람들이 세련되게 만들
고 보태고 해서, 지금까지 80여 이본이 만들
어졌다고 하니까 엄청난 양이지요.

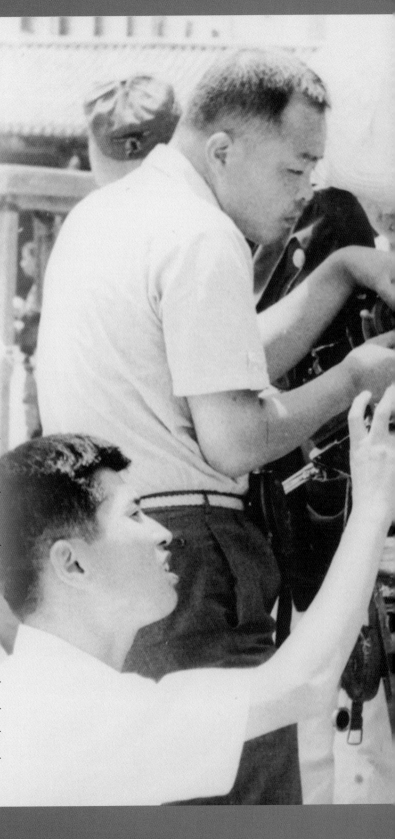

「망향천리」(1967), 촬영 현장에서.

그러니까 「춘향전」은 아주 평범한 한국인 모두의 슬기와 지혜가 응집되어서 영원히 지속되는 과정에서 서서히, 하지만 끈질기게 이어져온 것입니다. 말하자면 고정된 고전이 아니고 진행형의 고전이라는 측면에서 앞으로도 계속 발전되고 변형되어 갈 것이라고 볼 수 있습니다. 너무 많아 다 읽어볼 수도 없는 80여 이본 중 대표적인 것들 중 여섯 편을 여러 출판사에서 지금까지 출판했고 앞으로 한도 없이 계속 출판할 텐데, 그런 방대한 분량을 다 읽을 길이 없어요.

어머니는 기생이고 아버지는 양반인, 양반 씨를 받은 기생 아닌 양갓집 처녀로 설정하고 만든 소설도 있지만 출신 자체를 기생이었다고 하고 시작하는 남원 고사도 있습니다. 그러니까 춘향이가 기생이라는 남원 고사가 먼저였고 후대에 내려오면서 아마 양반 계급으로 조금씩 변화되고 하는 발전을 해온 것 같아요. 「춘향전」의 기본적인 틀을 보면, 이 도령과 사랑에 빠졌다가 이 도령이 떠난 후 변 사또와 춘향이의 갈등이 벌어지죠. 변 사또는 춘향의 어머니가 기생이기 때문에 천민 계급은 세속해 간다는 점에서 춘향이도 기생이라고 보는 것이고, 춘향이는 기적妓籍에 오르지 않았기 때문에 기생이 아니라고 하는 데에서 갈등이 생겨나는 거죠.

여기서 성춘향의 매력을 보자면, 도덕적인 면에서 이상적 여인이라고 볼 수 있는데, 자신이 지닌 도덕적 가치를 지켜내려는 열녀로서

의 춘향이라는 아름다운 면도 있겠지만, 성적인 음담패설을 거침없이 해내는 면도 있어요. 그런 면에서는 사랑에 빠진 한 보통 여성일 수도 있는 거죠. 또한 춘향은 부조리한 사회를 벗어나려는, 변 사또라는 권력에 당당히 대응해 가는 힘을 갖추었다는 점에서도 여러 매력을 지녔다고 할 수 있죠.

지금 와서 춘향이를 '열녀 춘향'으로만 설정하면, 요즘 세상에 어느 여자가 자기를 떠난 후 소식 한번 전하지 않는 남자를 위해 이상적으로 자기의 순결을 지켜내겠냐고 할 것입니다. 그런 식으로 영화를 찍어봐야 당연히 요즘 세대는 별로 환영하지도 않고 좋아하지도 않을 거라고 생각합니다.

나는 이몽룡과 성춘향이라는 남자, 여자가 정신적, 육체적으로 서로 깊이 몰입되고 사랑에 빠진 끝에 춘향이(열녀로서가 아니라 사랑을 하는 여자로서) 변 사또의 수청을 거절하고 순결을 지키는 것이라고 보고 있지요. 봉건 사회의 권력 앞에 선 한 개인, 말하자면 권력의 포악함에 저항하는 여자의 문제, 한 인간의 자존심 문제로 풀어간다면 지금 어디에 내놔도 괜찮을 것이라고 봅니다.

「춘향전」의 스토리를 모르는 학생은 아무도 없을 거예요. 그럼에도 불구하고 판소리를 듣게 되면 알겠지만 엄청난 감동을 준다는 것은 소리가 갖는 매력, 힘 같은 것 때문이죠. 내가 만드는 「춘향뎐」에서는 이것을 크게 한 축으로 놓을 겁니다.

한국에서 영화를 하면서, 세계를 대상으로 한 감독으로 살아남을 수 있는 전략은 이렇습니다. 한국인의 삶이나 문화적 개성을 영화에 담았을 때 비로소 외국에서 개성 있는 필름으로 받아들여질 수 있는 것이지, 서양의 아류작을 만들어서는 아무리 잘 만들어도 밖에 나가서 인정을 받기 어렵다고 생각합니다. 그런 면에서 가장 한국적인 정서와 전통 문화를 많이 담아낼 수 있는 것이 「춘향전」이 아닌가 하는 거죠.

「춘향전」을 영화로 만든다면 어떻게 할 것이냐 하는 문제가 걸리죠. 나의 「춘향뎐」은 조상현 씨 판소리를 기본으로 한다고 했지만, 정작 판소리를 영화로 담아내는 데는 이런 문제가 생겨요. 판소리에는 사설이 있는데, 사설 자체가 등장 인물의 감정의 추이를 해설하고 있어서 통상적으로 영화와는 형식이 다르다는 거죠. 사설이 감정의 추이를 전부 담고 있다면, 연기자가 그런 감정을 표현해 내서 드러내려는 노력은 쓸데없죠. 소리로 전부 설명이 되고 있으니까. 그런 것보다는 어떤 장르라도 그 얘기가 갖는 정황을 정서적으로 농밀하게 미장센해 가면서 잘 해나갈 수 있느냐는 문제가 걸리는 것입니다. 이를테면 연기자의 감정의 추이를 찍어내는 클로즈업이 없어지니까 클로즈업은 다른 각도에서 사용되어야 하고, 진행되는 극의 내용을 그림 하나하나에 정밀하게 담아 얘기가 내포되게끔 하는 필름이어야 한다는 등의 것들 말입니다. 그러

「삼십년 만의 대결」(1971), 촬영현장에서, 오른쪽은 조감독 노세한.

면서 「춘향전」 판소리가 갖는 리듬과 영화의 리듬을 같이 맞추어가야 된다는 거죠. 진양조라는 느린 템포가 흘러가면 영화의 흐름 자체도 그런 템포로 가고, 어사 출두와 같은 휘모리의 빠른 장단에서는 영화도 빠른 템포로 리듬을 타고 가야 되는데, 이런 것들이 제대로 모두 맞아떨어졌을 때 가장 한국적인 리듬을 가진 영화가 태어날 것이 아닌가 생각합니다. 나 자신도 영화 촬영 현장에서 더 생각하고 더 많은 것을 고민해야겠지요. 소리를 영상으로 담아 감동을 극대화시킨다는 큰 숙제를 어떻게 잘 풀어가야 할지, 더 생각해야 할 부분이 많지만 「서편제」라는 영화를 해봤던 체험이 영화 「춘향뎐」을 하는 데 상당한 밑거름 역할을 할 것이라고 봅니다. 그렇다고 영화 형식이 같다는 것은 아닙니다. 영화 형식은 지금까지 내가 해온 어떤 영화와도 다른 것이 될 것입니다. 「춘향뎐」의 주제를 신분제라는 제약에서 벗어나 인간적인 해방을 추구하는 것으로 삼고 그런 것을 영화 속에 명료하게 담아낼까 하는데, 어쨌거나 가장 우리다운 정서와 개성을 가장 많이 담아낼 수 있는 영화가 되리라는 기대를 하고 있습니다.

또한, 변 사또나 이 도령 아버지 같은 관리들의 생활을 통해 양반 생활의 면모를 보여줄 수 있고 밑바닥을 살고 있는 사령들이나 중인 계급, 천민 계급의 생활, 기생들의 생활도 보여줄 수 있죠. 우리가 가진 음식 문화나 다른 생활 문화(가령 사또 생일 잔치 장면에서는 우

리 악기의 면모를 보여줄 수 있죠.)를 담아낼 수 있을 것입니다. 이런 것이 줄거리와는 아무 관계가 없지만 그런 장식을 장치하는 것을 통해 판소리가 얼마나 흡인력 있게 불려졌었는지를 그대로 영화로 찍어낼 수 있다면 엄청나게 흥겨운 장면이 될 것입니다.

내가 「춘향전」을 영화화한다고 하니까 이 도령과 사랑에 빠졌다가 변 사또한테 수청 들지 않는다고 옥살이하는 그런 것만 연상하는데, 그건 절대 아닙니다. 나중에 판소리를 들으면 알겠지만, 「춘향전」은 아무것도 아닌 부분, 방자가 춘향이 부르러 가는 대목의 묘사만 가지고도 굉장히 흥미로운 장면을 찍어낼 수 있는 여지가 많은 작품입니다. 예를 들어 경치를 판소리로 읊는다면 그런 경치를 우리나라의 자연 경관을 함께 찍어내서 엄청난 상승작용을 이룰 수 있죠. 우리 소리의 멋과 자연의 멋이 함께 어우러지면서 엄청난 감동을 줄 수 있는 작품을 만드는 것이 이번 「춘향뎐」이라고 생각합니다. 연출을 그런 방향에서 하리라고 생각하고 있습니다.

굳이 이렇게 영화를 만들지 않더라도, 여러분은 한 명의 감독으로 대표적인 고전에 대해서 제대로 알고 있어야 되고 그만한 소양은 갖추어야 된다는 점에서 「춘향전」 판소리는 꼭 듣고 자기 것으로 만들어주길 바랍니다. 이런 것이 확실히 자기 것이 될 때, 영화를 해나가면서 우리의 정서를 찾아내는 데도 굉장한 도움이 될 것입니다. 영화를 그만두고라도 우리

「춘향뎐」(2000), 촬영 현장에서.

「춘향뎐」 촬영 현장에서 스태프, 배우들과 함께.

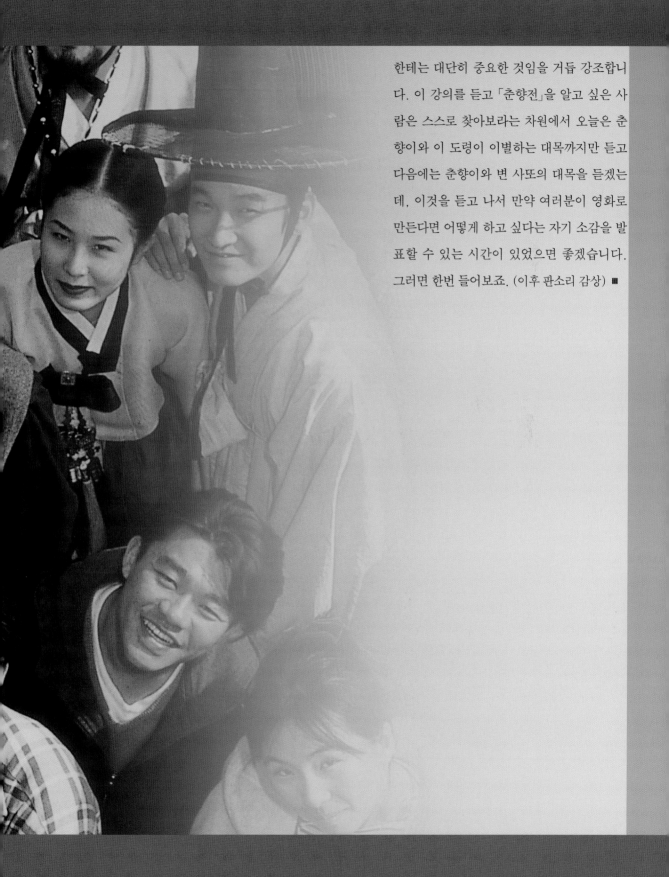

한테는 대단히 중요한 것임을 거듭 강조합니다. 이 강의를 듣고 「춘향전」을 알고 싶은 사람은 스스로 찾아보라는 차원에서 오늘은 춘향이와 이 도령이 이별하는 대목까지만 듣고 다음에는 춘향이와 변 사또의 대목을 듣겠는데, 이것을 듣고 나서 만약 여러분이 영화로 만든다면 어떻게 하고 싶다는 자기 소감을 발표할 수 있는 시간이 있었으면 좋겠습니다. 그러면 한번 들어보죠. (이후 판소리 감상) ∎

" 영화를 만들 때는
그 어떤 것을 하든
가슴으로 찍어야 합니다. "

스크린 쿼터제 폐지에 항의하며 삭발을 하는 임권택 감독(1999).

❖ 나의 임권택 혹은 연금술, 무속, 상생의 원리

정재형 | 동국대 영상대학원 영화영상제작학과 교수, 영화 평론가

「족보」(1978).

나의 임권택

내가 임권택 감독을 멀리서 처음 본 것은 1980년대 중반 영화인협회 이사장 선거를 치를 때였다. 당시 정진우 감독의 출마를 놓고 설왕설래하던 단상에 갑자기 나온 임권택 감독은 "모두들 놀아나고 있는 거여."라는 이상한 말을 던지고 나서, 심한 고함 소리에 묻힌 채 주변의 건장한 청년들한테 밀려 내려갔다. 참 이상한 풍경이었다. 술 먹은 듯이 비틀거리고 억양도 분명치 않던 그의 모습이 오래도록 인상에 남았었다.

내가 임권택 감독을 더욱 가까이에서 볼 수 있었던 것은 1985년경 영화 잡지 《스크린》의 기자로 임 감독을 인터뷰했을 때였다. 감독 인터뷰는 주로 내가 도맡아 하던 시절이었으므로 난 아무 느낌 없이 일상적인 기분으로 인터뷰를 했었다. 동숭동의 밀다원 카페에서 만났었는데 영화에 대해 거창하게 말하지도 않았고, 내 느낌으로는, 정말 무지한 사람들과 말할 때처럼 전혀 학식이 보이지 않고 말주변도 없어 마치 언청이하고 대화하는 느낌이 들어 답답하고 거북했다. 문자를 써서 '눌변訥辯'이라고 기사에는 좋게 썼지만, "내 참, 세상에 태어나서 이렇게 말 못하는 사람은 처음 본다."가 솔직한 심정이었을 것이다. 하지만 놀라운 것은 난 그이와의 대화 시간 동안 감동받았다는 것이다. 이렇게 솔직한 인간이 또 있을까. 난 그때부터 임 감독의 영화를 제대로 분석할 수 있는 길을 얻게 되었다. 평론가들의 현란한 학문적 해석이 겉돌고 있다는 것

을 발견해 낸 것이다. 임권택의 작품에 접근하려면 먼저 그 인간과 삶을 알아야 해, 이게 한동안 내 모토가 되었다.

이후 난 정말 임권택의 매력에 빠져 시키지 않은 짓을 하기 시작했다. 임권택의 영화가 나올 때마다 환호하면서 임 감독의 작품을 분석하는 글을 써내기 시작했다. 마침 판영화사의 이장호 감독이 작가론 총서를 기획하면서 1호로 임권택에 대해 다루겠다 하여 난 「짝코」에 대한 분석 글을 게재했다. 이 글은 이후 얼마나 나에게 즐거움을 안겨주었던가. 임 감독은 그 책의 인터뷰에서 다시 만들고 싶은 작품이 있다면 그건 「짝코」라고 말하고 가장 아끼는 작품으로 그 영화를 서슴없이 추천했으며 심지어 그 책의 말미에 송길한의 창작 시나리오 「짝코」 전문이 실리기도 했으니까. 당시 나는 임권택을 제대로 이해한 유일한 평론가가 바로 나였구나라는 자부심을 가지게 되었다.

하지만 임권택의 소탈함은, 당시 문화 운동의 일환으로 영화 운동을 했던 열혈 영화 청년들의 우상으로 그가 자리하기에는 너무 실망스러운 부분이기도 했다. 나에게 그 실망을 안겨준 결정적인 영화가 나타났으니 그게 바로 「개벽」이었다. 이 영화 속에서 임 감독은 김명곤이 연기한 전봉준 역을 통해 폭력 혁명론이 얼마나 위험한 것인가를 징계하는 듯한 수상한 발언을 하고 있었던 것이다. 난 화면의 아름다움에 도취하면서도 임 감독이 내세운 인본주의라는 것의 역사적 실체가 무척 박약함을 알고 몹시 놀라고 당황하고 실망했다. 호헌 철폐를 부르짖으며 6·29를 지나 전두환, 노태우 반대 서명 운동을 하던 한쪽의 분위기와는 정반대인 입장을 보여준 임 감독의 작품을 보고 나는 임 감독이 역사를 다루면 실패할 것이라는 예감을 갖게 되었다.

곧바로 미국에 유학을 갔다가 귀국한 후 나는 첫 논문으로 임권택 감독론을 쓰게 되었다. 임 감독을 얼마나 그리워했는지 설명하긴 어렵지만 「임권택 감독의 시간 의식」이란 논문을 발표하게 되었다. 그리고 한동안 임권택 감독의 영화를 비디오로 모아서 대학 강의에서 임권택 감독론을 학생들에게 가르쳤다. 1990년대 들어와 임 감독의 작품은 더욱 무르익어 나올 때마다 화제를 불러일으켰고 나도 글을 써댔다. 난 1990년대 들어와 임 감독을 계속 채찍질하는 입장이 되었는데 애증의 감정이랄까, 사랑의 표현을 질타로 하게 되었다. 「서편제」를 박제화된 판소리의 세계로 가치 폄하(《민족예술》)하였는가 하면 어떤 자리에서는 민족 정서를 이처럼 양식적으로 표현한 영화도 드물다는 상반된 호평(『정재형 교수의 영화 강의』)을 보여주기도 했다.

「태백산맥」은 정말 맘먹고 호되게 질타한 영화다. 그의 핵심 주제라고 볼 수 있는 인본주의라는 것이 얼마나 기만적이고 모호한 것인가라는 요지의 글로 맹타했던 것이다. 하지만 난 임 감독을 사랑했다. 한겨레 문화 센터에서나 동국대, 한양대에서 강의하면서 항상 임 감독을 예로 들고 그의 영화를 보여주면서 그의 민족 정서를 제대로 이해해야 한국 사람이라는 식의 설명을 수도 없이 했다. 난 정말 임 감독만큼 토속적이고 한국적인 체취를 발산하는 그런 한국 감독을 많이 보지 못했다. 어눌함 그 자체도 한국적인 특성을 대변하고 있으니 말이다.

임 감독의 현실적 삶이 화려하고 순수한 것만은 아니었음을 서서히 알게 되었을 때 난 또한 그의 고통 역시 한국적 삶의 한 표상이라고 그를 이해하기 시작했다. 운동권 학생의 사건을 다룬 「도바리」의 제작 중단, 무엇보다도 큰 상처를 안겨준 「비구니」 제작 중단 사건, 「태백산맥」 개봉을 둘러싼 우익 테러 협박 사건 등등 그에겐 현실이 감옥이었고 지옥이었을 게다. 안기부에서 전화 한 통화만 해도 제작을 중단해야 했던 암울한 시절, 임권택의 고통은 바라만 보는 사람의 심정으론 대변하기 어렵다. 어쩌면 그의 영화에 우화적 성격이 형성된 것은 시대에 정면으로 부딪히지 못함에서 나온 불가피한 우회로였을 가능성이 많다.

임권택의 '한풀이' 세상

1960년대 초반 「두만강아 잘 있거라」로 데뷔한 임권택 감독은 그 어린 나이에 이미 유현목, 김기영, 김수용과 어깨를 나란히 할 수도 있었다. 하지만 그의 표현대로 그는 데뷔 이후 10년 동안은 "영화를 어떻게 찍는지도 모르는" 그런 감독이었던 것이다. 1960년대 한국 영화의 맏형격인 정창화 감독의 조수로 시작한 그는 격동의 1960년대를 아무 생각 없이 보내고 1970년대 유신 독재, 새마을 운동, 반공주의의 세찬 바람을 그저 흔들리는 대로 보내야 했다. 그가 만든 국책 영화들은 그에게 반성의 계기를 만들어준 것일까? 어쨌든 그는 1970년대 중반 이후 서서히 현실에 눈뜨기 시작한다. 「왕십리」, 「내일 또 내일」, 「족보」, 「깃발 없는 기수」, 「우상의 눈물」 그리고 「짝코」로 이어지는 1970년대에서 1980년대까지의 영화들은 그에게 하나의 전환기를 맞게 해준다. 내가 기억하는 임권택은 사실 1980년대의 변모한 임권택이다. 우연인지 필연인지 그에게는 운도 따랐다. 해외 영화제에서 줄줄이 임권택의 작품이 소개되었고 당시만 해도 임권택은 한국 영화계의 가장

「만다라」(1981).

국제적인 스타 감독으로 군림하는 행운을 독차지한 것이다.

1980년대 들어와 임권택이 만든 영화의 질긴 심줄은 한마디로 "한을 풀자解寃"는 것이다. 임권택 감독의 영화 세계는 한풀이로 일관된다. 주제와 스타일의 일관성이라는 기준으로 작가를 분류한다면 그는 분명 작가이다. 다시 말하면 그에게선 뚜렷한 인생의 길을 느낄 수 있다는 말이다. 한풀이 주제로 분류한 그의 작품 세계는 다음과 같다.

1. 남북 이데올로기의 대립을 그린 것

「짝코」1980 │ 망실 공비와 토벌대장이 30년 만에 노인 보호소에서 만나 격투를 벌이면서 30년 동안의 남북 이데올로기의 한을 풀어낸다.

「태백산맥」1994 │ 빨치산과 국방군의 이데올로기 대립 속에서 그것을 초월한 인간주의의 회복을 그리고 있다.

「길소뜸」1985 │ 분단으로 인해 생겨난 이산 가족의 아픔을 통해 이데올로기에 희생된 자들의 한을 그렸다.

2. 민족 정서와 외세

「불의 딸」1983 │ 무당과 그녀를 억압해 온 주변 세력들과의 갈등 속에서 쌓인 한을 그린다.

「장군의 아들1·2·3」1990·1991·1992 │ 김좌진 장군의 아들 김두한의 활약을 그렸다는 점에서부터 애국애족적인 색채를 띤다.

「개벽」1991 │ 동학 2대 교주 최시형의 활약을 통해 외세에 대항하는 민족의 정신 세계를 표현했고, 전봉준과의 대립을 통해 당시 시국이 들끓고 있었음을 상징적으로 암시하였다. 당대를 가장 보수적으로 판단한 임 감독의 졸작으로 평가하고 싶다.

3. 여자의 한

「티켓」1986 │ 항구 변두리 티켓 다방 여인들의 애환을 통해 여성 수탈의 밑바닥을 고발하고 있다.

「씨받이」1986 │ 조선 시대 봉건적 제도의 희생자였던 씨받이의 억울한 사연을 담았다.

「아다다」1988 │ 나도향의 「벙어리 삼룡이」와 더불어 여
성 억압의 대표적 상징으로 손꼽히는 대표적 한국 현대
소설인 계용묵의 「백치 아다다」를 영화화한 것이다.

「창」1997 │ 1970년대 한창 유행하던 청량리, 미아리 사창
가라는 소재를 20여 년에 걸친 역사적 소재로 승화시켜 단
순히 한 여성의 이야기가 아닌 사회학적 보고서가 되게끔 구
성한 영화이다.

「춘향뎐」(2000).

4. 구도와 중생 제도

「만다라」1981 │ 광주 학살이라는 민족의 한을 바탕에 깔고, 떠돌
이로 만행하는 두 승려 지산과 법운의 이야기를 그렸다. 중생의 고
통, 그리고 자아 실현의 갈등을 담고 있다.

「아제 아제 바라아제」1989 │ 광주 학살, 월남전의 후유증이라는 민족의
한을 바탕에 깔고, 한 많은 중생들이 떠돌이처럼 만나고 돌아다니는
가운데, 팔자 기박한 여자 순녀가 머리 깎고 중이 된 이야기를 그리고 있다. 제
목을 한글로 번역하면 "가세, 가세, 저 언덕으로."이다.

「서편제」1993 │ 우의적이긴 하지만 동편제, 서편제의 갈등을 통해 동서로 대비
되는 우리나라의 오랜 영호남 갈등을 암시하고 있으며, 소리꾼의 소리(「춘향
가」, 「심청가」)를 통해 계급 갈등에 대한 한풀이를 암시하고 있다.

5. 인간의 자유 의지

「연산 일기」1987 │ 어머니에 대한 그리움으로 마침내 광인이 된 청년 연산에 대
한 인간적 한풀이의 이야기이다.

「축제」1996 │ 장례식을 통해 삶과 죽음이 하나로 이어질 수 있다는 원융무애적
인 화해 사상의 표현이다.

「안개 마을」1982 │ 자유로운 성 본능과 그 본능의 억압, 금기, 그 틈새에서 비어
져 나오는 성적 분출과, 마을 공동체의 신비하고 전근대적인 봉건 질서에 대한
보고서이다.

화해, 상생의 도리

동양 고대의 도가 사상에 기원을 둔 연금술은, 우주에 가득 찬 음양의 기가 두 개로 나누어져 활동을 하지만 다시 하나로 합일되어 본체를 형성하고 그 본질의 덩어리가 곧 무한한 도의 원리임을 설명하고 있다. 우주나 한 인간이나 간에, 이러한 연금술적인 설명에 의하면 하나의 통일된 질서로 나아가는 것이 그 본질이며 자아 실현이다. 한 사회가 발전하는 것이나 인간이 성장하는 것은 결국 같은 이치의 다른 과정일 뿐이다. 임권택의 영화가 추구하는 한의 축적과 그것의 화해는 이러한 한 인간 혹은 한 사회, 역사의 발전 과정처럼 느껴진다.

그가 소재로 삼은 여러 영화들은 서로 다른 내용을 추구하지만 그 핵심은 하나이다. 그것은 한의 축적과 그 해소이다. 특히 임권택은 한국인의 원형적 사고인 무속 신앙에 상당한 해결의 실마리를 주고 있다. 다른 감독들과 특히 다른 점이다. 가장 단적으로 「불의 딸」, 「태백산맥」에서 그는 무속을 정면으로 다루고 있으며, 그가 「서편제」에서 보여준 한국의 소리 판소리가 무당의 소리에 바탕을 둔 지류라는 점에서 그 연결 고리를 가지고 있다. 그가 이처럼 무속에 대한 강한 확신과 집착을 보이고 있다는 사실은 어쩌면 임권택이 한국의 토속적 바탕을 몸에 지니고 있는 가장 대표적 존재라는 것을 방증한다. 또한 감독이 형성되는 틀은 그가 뿌리내리고 있는 토양과 전통에서 벗어나기 어렵다는 영화 이론의 한 측면을 제시해 주는 근거이기도 하다.

그가 추구하는 무속성은 동양 사상 중에서도 도가적 실천 윤리의 핵심으로 보여지는 연금술사들의 작업과 일맥상통하고 있는데, 그 사실에서 한국의 사상과 샤머니즘, 도가 사상, 인간과 우주의 근본 사상을 하나로 엮어 설명할 수 있는 단서를 충분히 얻을 수 있다. 서구의 이분법적, 변증법적 갈등에서 한걸음 더 나아가 동양의 이원론적 일원론에 근거한 그 음양 상생의 원리는 서구 매체인 영화를 통해 동양의 지혜를 실천한 귀중한 예술 작업으로 심층 평가되어야 할 것이다. ∎

임권택, 그 100번째 날개짓이 전하는
격조 높은 감동!

千年鶴

「천년학」(2007).

❖거장의 눈빛—시행착오와 험난한 삶이 빚은 영화의 깊이

김진희 | 동국대 영상대학원 영화과

「낙동강은 흐르는가」(1976).

캐나다 밴쿠버에 잠시 머물고 있을 때의 일이다. 운 좋게도 몇몇 캐나다 독립 영화인들과 우연히 만나게 되었는데, 그 인연으로 세계 유수의 영화를 상영하는 시네마테크를 알게 되었다. 그러던 중 시네마테크에서 한국 영화 주간을 마련한다는 소식을 듣게 되었다. 낯선 외국에서 한국 영화를 접할 수 있다는 것이 그렇게 가슴 설렐 수 없어 시네마테크에서 가장 좋은 좌석을 찾아 앉았다. 관람객 중 대부분은 한국 유학생이었지만 외국 영화에 관심 있는 외국인 상당수도 좌석을 차지하고 있었던 걸로 기억한다.

나는 그때 상영된 임권택 감독의 「길소뜸」과 「씨받이」를 보면서, 영화 주제가 갖는 무게감과 영화 속에 등장하는 각각의 인물들의 삶에 대한 감독의 면밀한 관찰에 박수갈채를 보냈다. 국민 감독이라는 칭호와 해외 영화제에서 한국 영화의 위상을 높인 감독이라는 명성을 익히 알고 있었지만, 이전까지 TV 영화 말고는 임권택 감독의 작품을 제대로 관람한 적이 없던 나에게 그것은 새로운 경험이었다. 그러나 이미 영상으로 전달된 영화 주제가 영화가 끝날 즈음 자막을 통해 사족처럼 붙을 때(183쪽 사진 참조), 주제 전달의 명확성에 대한 고마움보다는 고루하고 세련되지 못한 영화적 방식이 거슬렸다. 나는 궁금증이 발동했다. 임권택 감독의 영화에서 끊임없이 반복되는 이 세련되지 못한 사족이 감독의 독창적인 영화적 발상에서 비롯된 강력하고 고집스런 의지인지, 아니면 우매한 관람객들을 위한 감독의 친절한 배려인지······.

다행히 이후 임권택 감독의 「영화 연출 강의」를 청강할 수 있는 기회가 내게 주어졌고, 강의를 통해 내 궁금증에 대한 임 감독의 소신 있는 답변을 들을 수 있었다. 그리고 그때 임 감독의 진지한 눈빛과 느릿느릿하지만 진솔한 특유의 말솜씨로 진행된 강의는, 설익은 비평의 잣대로는 범접할 수 없는 무게를 느끼게 했다. 따라서 이 지면에서는 내가 임 감독의 강의를 들으면서 가장 인상적이었던 점, 즉 영화적 상상력보다 우위에 있는 그의 영화에 대한 열정과 인생에 대한 통찰력이 바로 오늘날까지 임 감독을 있게 한 힘이었음을 개인적인 감상으로 자유롭게 그리고 간략하게 써보고자 한다. 훗날 임권택 감독에 대한 깊이 있는 비평의 몫을 감당할 정도로 필력이 성숙해진다면 혹여나 임 감독의 작품에 서슬 퍼런 날을 들이댈지는 모르겠지만.

"오래 살아남은 감독 중에는 임권택이란 감독이 있다고 하는데······."

농담 반 진담 반 머쓱한 웃음을 지으며 임 감독은 이렇게 말한다. 이것은 임 감독의 당당하고 자신만만한 영화인으로서의 긍지와 여유를 나타낼 뿐 아니라, 현재의 그가 있게끔 해준 각고의 영화 인생을 그 이면에 담고 있다. 임 감독은 영화에 미쳐 영화계에 입문했던 사람이 아니다. 영화계가 화려해 보여 기웃거리던 겉멋 든 사람도 아니었다. 영화로 현실을 변혁하고자 했던 영화 지식인도 아니다. 단지 생계를 위해 영화계에 입문하게 된 어리숙한 촌사람이었을 뿐이다. 그러나 그는 영화 작업장의 심부름꾼에서 출발해, 한국 액션 영화의 대부로 불리는 정창화 감독의 조감독을 거쳐 수많은 영화를 만들면서, 열악한 주먹구구식 제작 환경에서 살아남는 법과 나름대로의 영화 기술을 터득한다. 그리고 진정한 영화인으로 나아가게 될 인생의 전환점을 겪으면서, 그의 영화적 열정은 가속화되어 개인적인 명성을 얻을 뿐 아니라 한국 영화의 위상을 높이는 데 기여하게 된다.

이렇게 영화계의 밑바닥에서부터 자신의 입지를 굳혀온 감독이기에 영화인으로서의 그의 기반은 어느 누구보다도 탄탄했다. 이제 그는 충무로의 상업적 제작 시스템 내에서도 작가로서의 역량을 최대한 발휘할 수 있는, 최대의 자율권을 행사하게 된 한국의 대표 감독이다. 이제 그는 숙련된 솜씨로 원하는 질료를 자유롭게 선택해서 작품을 창조하는 데 혼신의 힘을 기울이면 되는 것이다.

「영화 연출 강의」에서 임권택 감독은 자신이 구축해 온 영화 세계를 냉정하게 분석하고 또 자신의 영화 인생을 다시 한번 되돌아보고 정리함으로써 후학들에게 많은 것을 전달했다. 무엇보다도 가장 흥미를 자아내는 강의 대목은 임 감독의 인생의 굴곡을 느끼게 한 부분이다.

작품 이해의 지름길은 영화 감독을 이해하는 것이다. 물론 감독의 개인사가 왜곡되거나, 별 의미 없는 개인사가 지나치게 작품과 연관되어 작품 자체가 잘못 이해될 수 도 있다. 그러나 임 감독의 진실성을 신뢰하고 이해자의 과도한 주관성으로 흐를 위험을 배제한다면, 작품 설명 도중 간간이 들려주는 그의 인생 역정 이야기는 웃음과 더불어 그의 영화 세계를 이해하는 데 중요한 단초를 제공한다. 예를 들면, 강의 내내 웃음거리를 제공한 1960년대 영화에 대한 회고담에서 그는 이렇게 말한 적이 있다.

"그때는 정말 기계처럼 영화를 찍어냈어요. …… 오늘 정재형 교수가 1963년에 만든 「망부석」이라는 영화를 보여주었는데…… 난 처음 듣는 영화 제목이었거든요. 그런데 그게 내가 만든 영화라는 거예요…… 허허."

자신이 만든 영화조차 기억 못할 정도의 마구잡이식 연출, 그것이 바로 그가 많은 시행착오를 거쳐 영화 기술을 터득하는 토대가 되고, 마침내 그 시절의 반성과 성찰을 통해 거듭나는 전환점을 마련하였던 것이다. 그의 탁월한 형식미로 인정받는 롱 숏과 뒤에 따르는 숏의 분할로 적절한 상황을 연출하는 능력 그리고 정중동靜中動의 그의 연출력, 즉 액션의 절제와 롱 테이크의 미학은 그 당시의 체험과 그 체험의 반동에서 비롯된 것이라고 여겨진다.

그러나 임 감독의 인생에서 영화와의 연결 고리를 찾고자 할 때 가장 중요한 점은, 바로 중요한 역사적 소용돌이에서 겪었던 그의 개인적 체험이 한국인의 존재 양상과 인간 조건에 대한 통찰력을 갖게 했다는 것이다. 이 통찰력은 그의 개별적인 작품들을 하나로 묶어주는, 그의 작품 속에 일관되게 흐르는 주제 의식의 토대가 된다. 젊은 시절 그가 경험한 생활고와 가슴 한 켠에 묻어둔 아버지로 인해 응어리진 아픔과 방황은 인생의 역정을 예술에 투영시킨 여느 예술가와 마찬가지로 잠재적인 예술적 상상력을 품게 하는 데 기여한다. 빨치산 아버지로 인해 한국 사회에서 겪은 고통과 설움은 역사의 소용돌이 속에서 삶의 아이러니

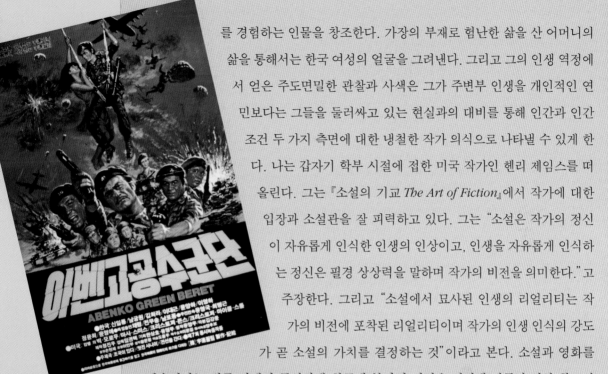

「아벤고 공수군단」
(1982).

를 경험하는 인물을 창조한다. 가장의 부재로 험난한 삶을 산 어머니의 삶을 통해서는 한국 여성의 얼굴을 그려낸다. 그리고 그의 인생 역정에서 얻은 주도면밀한 관찰과 사색은 그가 주변부 인생을 개인적인 연민보다는 그들을 둘러싸고 있는 현실과의 대비를 통해 인간과 인간 조건 두 가지 측면에 대한 냉철한 작가 의식으로 나타낼 수 있게 한다. 나는 갑자기 학부 시절에 접한 미국 작가인 헨리 제임스를 떠올린다. 그는 『소설의 기교 The Art of Fiction』에서 작가에 대한 입장과 소설관을 잘 피력하고 있다. 그는 "소설은 작가의 정신이 자유롭게 인식한 인생의 인상이고, 인생을 자유롭게 인식하는 정신은 필경 상상력을 말하며 작가의 비전을 의미한다."고 주장한다. 그리고 "소설에서 묘사된 인생의 리얼리티는 작가의 비전에 포착된 리얼리티이며 작가의 인생 인식의 강도가 곧 소설의 가치를 결정하는 것"이라고 본다. 소설과 영화를 예술이라는 범주 안에서 동일하게 취급해 본다면 이것은 임권택 감독과 영화 창조의 관계를 잘 설명해 주고 있는 듯하다. 임 감독의 영화는, 그가 체험을 통해 얻은 삶에 대한 통찰력이 그의 영화적 상상력으로 표현된 창조물이기 때문이다.

임권택 감독의 「영화 연출강의」는 그의 작품에 대한 연출 기법 강의라기보다는 기본적인 영화인으로서의 자세와 그의 영화 철학에 대한 강의라고 본다. 강의를 통해 임 감독은 자신을 다양하게 표현해 낸다. 물론 말할 때 느릿느릿하고 세련되지 못한 눌변가이듯이, 그는 영화에서도 능란한 이야기꾼이 아니다. 현란한 카메라 움직임이나 독특한 발상을 무기로 하는 신세대 영화 감독처럼 뛰어난 스타일리스트도 아니다.

그러나 임권택 감독의 얼굴은 단 한 가지로 고정되어 있지 않다. 시골 농촌의 가난한 유봉이 다림질로 빳빳하게 다려진 새하얀 옷을 입고 있는 「서편제」의 한 장면을 옥에 티로 지적하며 리얼리즘 미학을 강조할 때 그는 고지식한 리얼리스트이다. 반면 「만다라」와 「씨받이」의 공간의 의미화와 미장센에 대해서 열변을 토할 때는 형식주의자로 변모한다. 영화 속 여성에 대해서는 곰팡내 나는 할배이지만, 장례식에 대한 영화의 제목을 '축제'로 선택한 이유를 설명하는 모습을 보면 인생의 깊이가 묻어나는 현자처럼 보이기까지 한다. ■

❖ 임권택 감독에 대한 열세 토막 이야기

조세진 | 동국대 영상대학원 영화과

1 　강의를 듣게 된 것은 순전히 임 감독님의 명성 때문이었
다. 이런 좋은 기회가 아니면 배울 수 없다는 생각에 연
출이 전공이 아니었지만 수강하게 되었다. 자원해서 강의를 녹취하
게 되어 가까이서 감독님을 접할 기회가 생겼고, 감독님께서 사람들
을 대하시는 신사다운 태도에 반하여 이전과는 달리 임 감독'님'이
라고 존칭어를 붙이게 되었다. 그런 영화 외적인 면모를 접하니, 감
독님께서 '국민 감독'이라는 호칭을 얻으시게 된 이유도 알 듯했다.

2 　지금은 명절 때마다 보는 한국 영화가 '박중훈' 영화가
되어버렸지만, 초등학교나 중학교 다니던 시절만 해도
TV에서 임 감독님의 영화를 자주 볼 수 있었다. 어린 시절의 영화
보기란 당연히 내러티브 위주로 될 수밖에 없었다. 1980년대 말에서
1990년대 초에 이르는 시기에 해외 영화제에서 우리 영화가 많은 상
을 받으면서 그런 영화들을 TV에서 볼 수 있었지만, 온 가족이 채
널을 고정하고 본 영화는 단연코 임 감독님의 작품들이었다. 어린
시절의 기억이라 작품성에 관해서는 뭐라 말할 수 없지만, 재미만큼
은 확실했던 것 같다. 밤늦게까지 안 자고 다 보았으니까 말이다.
지금 생각해 보면 그 원인은 감독님 영화가 가지고 있는 특징 중의
하나인 내러티브의 충실함에 있었다. 감독님 영화를 내러티브 위주

로 나누어보면, 하나는 '발단—전개—위기(갈등)—절정—대단원'으로 이어지는 정통적인 소설적 플롯이고, 다른 하나는 전통적인 시조의 구성과 같은 '기—서—결'의 구조이다. 전자의 예로는 「티켓」, 「씨받이」 등이 있고, 「만다라」, 「길소뜸」, 「개벽」, 「서편제」 등이 후자에 속한다고 할 수 있다.

감독님 스스로 말씀하셨듯이, 해외 영화제를 염두에 두고 작가주의적 입장에 섰을 때에는 기존의 내러티브 구성 원칙과는 다른 우리 전통 리듬 구조를 따오게 되고, 산업 구조 속에서 생존하기 위해 흥행을 생각하면 좀더 서구화된 구조를 사용한다고도 볼 수 있다. 그중 어린 시절 TV에서 본 것들은 후자에 속하는 영화들이었고, 이러한 잘 짜인 이야기 구조가 가진 재미는 영화의 매력을 알게 해주었다.

3 「두만강아 잘 있거라」로 1962년에 데뷔하신 감독님은 40년 가까이 영화 감독으로 활동하고 계신다. 물론 임 감독님보다 더 연배가 있으신 감독님들이 생존해 계시지만, 이른바 신세대라는 새로운 영화 관객층의 등장 이후에도 그 존재 가치를 입증하고 계신 분으로는 임 감독님을 가장 먼저 꼽을 수 있을 것이다. 강의에서도 알 수 있었지만, 감독님께서 명확한 소명 의식을 가지고 작업을 하시게 되면서부터 임 감독님의 존재가 더 빛을 발하고 있는 듯하여, 후학인 나에게는 존경심이 생기지 않을 수 없다.

4 롱 테이크는 감독님께서 작품성에 중점을 두신 영화들에 자주 쓴 기법들 중 하나이다. 그중 뭐니 뭐니 해도, 잊을 수 없는 것은 「만다라」의 첫 장면(180쪽 사진 참조)과 고개 넘어가면서 「진도 아리랑」을 부르는 「서편제」의 장면(064-065쪽 사진 참조)일 것이다. 흔히 롱 테이크는 예술 감독들이 미학적으로 충분히 자신의 의도를 나타내기 위해 사용하는 것으로 알려져 있는데, 감독님의 롱 테이크는 드라마를 더욱 탄탄하게 긴장시키면서 감정 이입 효과를 강화한다고 평가받는다 (구회영, 『영화에 대하여 알고 싶은 두세 가지 것들』참조). 롱 테이크가 쓰인 영화는 많

지만 그것이 한 편의 영화 속에서 얼마만큼 적절하게 사용되었는가는 기술적 문제라기보다 그것을 사용하는 감독(작가)의 능력에 달려 있음을 안다면, 상업 영화 틀 속에서 롱 테이크를 사용하신 감독님의 역량을 느낄 수 있다.

5 무엇보다 이번 강의 중 자신에 대한 실수를 까마득히 어린 제자들에게 자세히 설명하시는 대목에서 감독님으로부터 큰 감동을 받았다. 사람들은 대개 자신이 해놓은 일들이 비판받는 것을 싫어하고 스스로 자신을 비판하지 않으려 한다. 또 비판을 당할 때 몹시 불쾌해하는데 감독님은 그렇지 않으셨다. 같이 강의를 들었던 사람들 역시 감독님의 그런 면모에서 많은 교훈과 감동을 받았으리라고 생각한다.

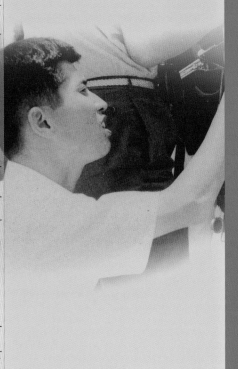

6 감독님 영화는 주로 우리 역사를 다루는 것이다. 우리 역사가 워낙 뼈아픈 것이기 때문에 그렇기도 하겠지만, 임 감독님이 우리 민족에 대한 느낌을 '한恨'으로 보고 계시기 때문에 더욱 그러한 듯하다. (하지만 우리 민족의 독특한 정서를 '정情'으로 보는 배창호 감독 역시 시대물 형식을 택하고 있긴 하다.) 게다가 감독님께서는 시대의 흐름으로부터 많은 상처를 입으셨기 때문에 당연히 역사의 아픔을 영화로 만드신다.

7 영화 「서편제」를 본 것은 1993년이었다. 당시 나는 고등학교 3학년이었지만 단체 관람을 통해 이 영화를 접할 수 있었다. 지금 이 영화를 바라보는 시각과 감정은 그때와는 분명히 다르지만, 최초의 경험은 가히 감동 그 자체였다고나 할까. 중학교 때 「달마가 동쪽으로 간 까닭은」을 괴롭게 보았기 때문에 가지게 된 해외 영화제 출품작에 대한 편견을 이 영화 덕분에 없앨 수 있었다. 워낙 판소리나 고전 문학에 관심이 많았지만 당시 내게 판소리는 쉽게 접근하기 힘든 것이었다. 이러한 판소리에 대한 나의 갈

증을 이 영화가 해소해 주었던 것이다.

하지만 나와 같은 감동을 누리신 어머니께서 이 영화를 가지고 오래전 미국으로 이민 가신 어머니 친구분과 나누신 대화는 잊을 수 없는 일화 중의 하나이다. 어머니 친구분은 어머니의 극찬 때문에 비디오로 「서편제」를 보시게 되었는데, 미국에서 자식을 학대하는 아버지는 당장 감옥에 간다는 말로 우리 식구를 기막히게 했었다. 그만큼 한국적인 것을 표현하기가 어렵고 또한 다른 문화를 이해한다는 것이 얼마나 힘든 일인가를 깨닫게 된 계기였다. 게다가 우리 문화조차도 제대로 알고 있지 않다면 더욱 힘든 일이다.

8 감독님 주변 인물들은 '임권택 사단' 이라고도 부를 수 있지 않을까 싶다. 이태원 사장, 촬영 감독 정일성, 작가 이청준, 송능한, 배우 정경순, 오정해, 김명곤……. 그 외에도 감독님 영화에 늘 출연하는 조연들은 굉장히 많다. 감독님의 영화가 성공한 경우는 감독님께서 주변에 계신 이분들과 조화를 잘 이루셨을 때였다고 생각한다. 영화가 테크놀러지와 연관된 예술이지만, 그래도 결국 인간들이 만들어내는 것이기 때문일 것이다.

9 감독님 고향은 전라도이다. 그래서인지 영화 배경이나 구체적 장소 역시 감독님께 낯익은 남도이다. 그 점은 강의에서도 여러 차례 확인할 수 있었는데, 늘 "감독은 자신이 태어난 땅을 벗어날 수 없다."라는 말로 고향에 대한 감정을 표현하시곤 하셨다. 전라도는 김대중 정권이 들어서기 전까지는 중앙에서 밀려나 있었던 곳이고, 감독님이 주로 다루시는 인물은 그런 장소에서 살아가는 소외된 인간들이다. 감독님이 선택하시는 배경들과 장소들은 감독님께서 나타내려는 주제 의식과 휴머니즘을 더욱 두드러지게 하는 아주 중요한 요소라고 생각한다.

10 감독님 영화 중 내가 가장 좋아하는 영화는 「축제」이고 싫어하는 영화는 「창」이다. 나 역시 할아버지 상을 치렀다는 비슷한 경험 때문인지 「축제」를 볼 때 감정 이입을 더욱 강하게 할 수 있었다. 그리고 감독님 영화 중에서 가장 편안하고 또 따뜻한 마음을 느끼게 하기 때문에 좋아한다.

「창」을 가장 싫어하게 된 것은 그 영화가 너무 감독님의 영화답지 않았기 때문이다. 다시 말해, 관객이 주인공에 대해 생각해 보기도 전에 강하게 감독의 시각을 제시하는 영화는 관객에게 불편하기 마련인데, 감독님은 다른 영화들보다 「창」에서 강한 어조로 감독님 자신을 드러내셨다. (잘 드러났는지 여부는 차치하고라도.) 「창」은 지금까지의 임 감독님 영화와는 다르다고 생각한다. 특히 전작인 「축제」와 비교할 때 느끼게 되는 그 참담함이란…… 「창」이 담고 있는 주제에 워낙 관심이 많았고 그래서 이 영화에 큰 기대를 걸었기 때문에 느낀 당혹감도 컸다. 좀더 사회적인 시각에서 이 주제를 다루었으면 하는 아쉬움을 가지고 있다.

11 임 감독님의 영화에 등장하는 캐릭터 중에서 가장 인상적이었던 것은 「태백산맥」에서 정경순 씨가 맡았던 염상진의 아내였다. 그리고 가장 아쉬움을 많이 안겨준 캐릭터는 「창」의 길룡이였다. 아무래도 신인 배우가 맡았기 때문일 것이다. 가장 좋아하는 캐릭터는 「서편제」의 혁필화가 아저씨. 가끔 종로 세운 상가 쪽 길에 있는 혁필화를 보면 지금도 그 캐릭터가 떠오르곤 하는데, 이유는 잘 모르겠다. 「서편제」볼 때, 가장 객관적으로 느껴졌고, 그의 시선이 마치 감독의 시선같이 느껴졌기 때문일까?

12 특이한 풍경을 잡아내시는 감독님의 탁월한 안목을 대하면 늘 감탄사가 절로 나온다. 「서편제」에서 송화가 올라가서 노래 부르던 나무를 직접 가서 보았을 때에는 영화가 안겨준 감정을 느끼기 힘들었다. 이러한 결과는 장소 헌팅에 대한 세

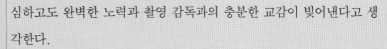

심하고도 완벽한 노력과 촬영 감독과의 충분한 교감이 빚어낸다고 생각한다.

그리고 감독님 작품은 '길'에 대한 영화들이라고 볼 수 있는데, 길을 따라 변하는 인간들과 계절과의 조화를 화면에 담아내는 것은 감독님만의 특별한 풍경 만들기일 것이다. 그런데 감독님의 영화들 중에서 특히 「서편제」는 길과 풍경의 조화, 그리고 배경 판소리와 어울리면서 나타나는 온갖 상징을 잘 담아내고 있다. 그런 점에서 감독님의 대표작이라 할 수 있을 것이다.

13 앞으로도 계속 영화계의 어른으로, 친근하고 접근하기 쉬운 (작가 대우를 받는 다른 영화 감독들의 영화에 비해 대중성이 뛰어난 영화를 만드는) 우리 시대의 거장으로 남으셨으면 좋겠다. ■

❶❷❸❹❻──「취화선」(2002), 촬영 현장. 이하 모두 같은
영화 촬영모습.
❺❼──「취화선」으로 2002년 〈칸 영화제〉에서 감독상 수상.
❽──오른쪽 맨 아래는 귀국 환영 행사 모습. 왼쪽부터 정일성
촬영감독, 주연 최민식, 임권택 감독, 주연 안성기, 이태원 제작자.

❖ 임권택 감독 연보

1936년 …… 전라남도 장성군 장성읍에서 제2고보(지금의 경복고등학교) 출신인
부친 임종영과 모친 이현호의 7남매 중 장남으로 태어난다.

1945년 …… 월평국민학교 3학년 때 해방을 맞이한다.

1950년 …… 광주 승일중학교에 입학한다. 그해 한국 전쟁이 터지면서 가족이
이데올로기 싸움에 휘말리게 된다.

1953년 …… 17세에 가출하여 부산으로 간다. 부두에서 막노동을 하다가, 미군
부대에서 헌 구두를 내다 파는 군화 중개상들 밑에서 일하게 된다.

1956년 …… 군화 중개상들이 서울에 〈신생영화사〉를 차린 후 상경한다. 그때 처음으로
영화 제작부에서 소품 준비 등 잔심부름으로 영화 일에 참여하게 된다.

1962년 …… 26세에 「두만강아 잘 있거라」를 연출해 감독으로 데뷔한다. 흥행 면에서도
성공을 거둔다. 전쟁 영화 「전쟁과 노인」을 연출한다.

1963년 …… 코미디 「남자는 안 팔려」 그리고 사극 「망부석」, 「신문고」를 연출한다.

1964년 …… 사극 「단장록」, 「십년 세도」, 「영화마마」와 액션 영화 「요강의 결산」,
코미디 「십자매 선생」, 「단골 지각생」을 연출한다.

1965년 …… 액션 영화 「빗속에 지다」, 사극 「왕과 상노」를 연출한다.

1966년 …… 실화를 바탕으로 한 「전쟁과 여교사」, 「법창을 울린 옥이」와 스포츠 영화
「나는 왕이다」, 사극 「닐리리」 등을 연출한다.

1967년 …… 「청사초롱」, 「풍운의 검객」, 「망향천리」 등 시대극을 연출한다.

1968년 …… 그의 작품 중 첫 컬러 영화인 「요화 장희빈」, 입체 영화로 제작된 「몽녀」와
액션 영화 「바람 같은 사나이」, 「돌아온 왼손잡이」를 연출한다.

1969년 …… 「상해탈출」, 「황야의 독수리」, 「십오야」, 「뇌검」 등 액션 영화와 시대극,
멜로 영화 「비 나리는 고모령」, 코미디 「신세 좀 지자구요」를 연출한다.
그때 코미디는 자신에게 맞지 않는다는 결론을 내린다.

1970년 …… 시대극「월하의 검」,「비검」, 액션 영화「애꾸눈 박」,「비 내리는 선창가」,

「밤차로 온 사나이」,「그 여자를 쫓아라」, 그리고 미스터리 영화「속눈썹이 긴

여자」, 멜로드라마「이슬 맞은 백일홍」등 8편의 영화를 연출한다.

1971년 ……「요검」촬영 중 현재 부인인 채령(본명 채혜숙)을 만나 교제를 시작한다.

「요검」외에「원한의 두 꼽추」와 액션 영화「원한의 거리에 눈이 내린다」,

「삼십년 만의 대결」,「나를 더 이상 괴롭히지 마라」,「명동 삼국지」와

멜로드라마「둘째 어머니」를 연출한다.

1972년 …… 옴니버스 형식의 영화「명동잔혹사」, 액션 영화「돌아온 자와 떠나는 자」,

「삼국대협」을 연출한다.

1973년 ……「증언」을〈아시아 태평양 영화제〉에 출품해 대만에 간다. 그때 한국 영화에 대한

중대한 자각을 하게 된다.「기생 오백화」,「대추격」이후 그의 영화 인생의

전환점이 되는「잡초」에 제작 투자한다. 우수 영화 제도가 생기자 흥행 영화에서

문예 영화와 계몽 영화로 관심을 돌린다.

1974년 …… 영화진흥공사가 제작하는「아내의 행진」,「울지 않으리」를 연이어 연출한다.

「연화」,「속 연화」도 연출한다.

1975년 ……「왜 그랬던가」가 우수 영화로 선정된다.「어제 오늘 그리고 내일」을 연출한다.

1976년 …… 형식미에 치중한 멜로드라마「왕십리」가 흥행 면에서 참패한다. 두번째로

제작을 겸한 작품인「맨발의 눈길」에 이어 전쟁 영화「낙동강은 흐르는가」,

「아내」를 연출한다. 네 작품 모두 우수 영화로 선정된다.

1977년 ……「옥례기」,「임진왜란과 계월향」이 우수 영화로 뽑힌다.

1978년 …… 계몽 영화「상록수」, 반공 영화「저 파도 위에 엄마 얼굴이」그리고「족보」,

「가깝고도 먼 길」을 연출한다.

1979년 …… 채령과 결혼한다. 이 시기의 작품으로는 「내일 또 내일」, 「신궁」이 있고

　　　　　　　일흔번째 작품인 「깃발 없는 기수」는 작품의 완성도 면에서 높이 평가받는다.

1980년 …… 44세에 장남 동준을 낳는다. 「복부인」과 「짝코」를 만든다.

1981년 …… 「짝코」 이후 주제 의식과 완성도 있는 영화를 연출하기 시작한다.

　　　　　　　「우상의 눈물」, 그리고 〈베를린 영화제〉를 비롯한 해외 영화제에서 호평받은

　　　　　　　「만다라」를 연출한다.

1982년 …… 차남 동재를 낳는다. 이 시기의 작품으로는 「아벤고 공수군단」, 「오염된

　　　　　　　자식들」, 「나비 품에서 울었다」, 「안개 마을」이 있다.

1983년 …… 무속 영화 「불의 딸」을 연출한다.

1984년 …… 「흐르는 강물을 어찌 막으랴」를 연출하지만 개봉도 되지 않은 채 사장된다.

　　　　　　　「비구니」는 촬영 중 종교계의 심한 반발로 중단하게 된다.

1985년 …… 〈베를린 영화제〉 본선까지 진출한 완성도 높은 영화 「길소뜸」을 연출한다.

1986년 …… 「티켓」을 연출한다. 그리고 「씨받이」로 국제적인 감독으로 일약 부상한다.

1987년 …… 사극 「연산일기」를 연출한다. 「아다다」를 연출한다.

1988년 …… 「아다다」가 〈몬트리올 영화제〉에서 여우 주연상을 수상한다.

1989년 …… 「아제 아제 바라아제」로 국제 영화제에서 세번째 수상을 한다.

1990년 …… 「장군의 아들」로 당시 한국 영화사상 최다 관객 동원 기록(67만 5천)을 세운다.

　　　　　　　독일 〈뮌헨 영화제〉에서 〈임권택 영화 주간〉이 열린다.

1991년 …… 「장군의 아들 2」를 연출한다. 프랑스 〈낭트 영화제〉에서 〈임권택 영화 주간〉이

　　　　　　　열린다. 동학을 소재로 한 「개벽」을 연출한다.

1992년 …… 「장군의 아들 3」을 연출한다. 한국과 프랑스의 문화 교류에 이바지한 공로로

　　　　　　　〈프랑스 예술기사 훈장〉을 받는다.

1993년 …… 「서편제」로 최다 관객 동원 기록을 경신한다.

1994년 …… 「태백산맥」을 연출한다.

1996년 …… 「축제」를 연출한다.

1997년 …… 한국 사회의 근대화와 압축 성장 문제를 매춘부의 영락으로 그려낸 「창」을
연출한다.

1998년 …… 동국대학교 영화영상학과 겸임교수로 〈영화 연출론〉을 강의한다.

1999년 …… 스크린 쿼터제 폐지에 반대하여 삭발 투쟁에 앞장선다.

2000년 …… 판소리와 영상을 결합시키는 새로운 시도의 작품인 「춘향뎐」을 연출한다. 이
작품은 한국 영화사상 최초로 〈칸 영화제〉 경쟁 부분 본선에 진출한다.

2002년 …… 조선 시대의 화가 장승업을 다룬 영화 「취화선」으로 〈칸 영화제〉 경쟁 부분
감독상을 받는다. 영화감독으로는 최초로 〈금관문화훈장〉을 받다.
「취화선」이 프랑스 전역에 개봉된다.

2003년 …… 제13회 〈호암상〉〈예술상〉을 수상한다.

2004년 …… 뉴욕현대미술관에서 〈임권택 감독 회고전〉이 열린다.
99번째 영화 「하류인생」을 연출한다. 이 작품으로 베니스영화제 경쟁부문에
초청된다.

2005년 …… 제55회 베를린 영화제에서 〈명예황금곰상〉을 수상한다.

2006년 …… 「서편제」의 뒷이야기를 다룬 100번째 연출작 「천년학」 촬영을 마친다.

❖ 주요 작품 찾아보기

가운데│유지나 교수, 오른쪽│임권택 감독

❖ 사진 자료를 제공해 주신 분들

1 영화 장면 외의 사진과 포스터

8-11, 14-19, 25-27, 30-39, 44-49, 74-85, 154-165, 205-213쪽의 사진은
임권택 감독이 개인적으로 소장하고 있던 것이고, 1-2, 20-22, 219쪽 사진은
《씨네21》로부터, 236쪽 사진은 태흥영화사로부터, 237쪽 사진은
매일경제신문사로부터, 244쪽 사진은 유지나 교수로부터 제공받았다. 그리고 책에
사용된 영화 포스터들 대부분은 화천공사 스틸 감독이셨던 백영호 님께 제공받았다.

2 「길소뜸」, 「만다라」, 「족보」

영화 장면은 화천공사로부터 수록 허가를 받았으며, 111쪽 아래, 112, 128,
167쪽 위, 175, 177-179, 181-182, 185, 193, 203쪽 사진은
백영호 님께 제공받았다.

3 「씨받이」

영화 장면은 신한영화사로부터 수록 허가를 받았다.

4 「서편제」, 「장군의 아들」, 「축제」, 「춘향면」

영화 장면은 태흥영화사로부터 수록 허가를 받았으며, 42-43, 50, 216-217쪽
사진은 《씨네21》로부터, 40-41, 53-54, 57, 61, 63-65, 68-69, 72, 87쪽 위,
89, 94-98, 101, 103, 105쪽 맨 아래 , 125, 128, 214-215쪽 사진은 스틸
감독이셨던 양기주 님께 제공받았다.

5 「불의 딸」, 「티켓」

저작권자에게 연락이 닿지 않아 영화 장면 및 포스터 수록 허가를 받지 못했다. 책의
출판 이후에도 허락을 받기 위해 노력할 것이다.

영화, 나를 찾아가는 여정

임권택 감독의 영화 연출 강의

1판 1쇄 찍음 ····· 2007년 3월 20일

1판 1쇄 펴냄 ····· 2007년 3월 25일

지은이 ············· 임권택 유지나

편집인 ············· 장은수

펴낸이 ············· 박근섭

펴낸곳 ············· (주) 민음사

북디자인 ········ 정병규디자인 | 윤여웅 김원용 정진서

영상자료편집 ···· 정병규 김원용

출판등록 1966. 5. 19. 제16-490호
서울특별시 강남구 신사동 506번지 강남출판문화센터 5층 (우)135-887
대표전화 515-2000 팩시밀리 515-2007
www.minumsa.com

값 23,000원

ISBN 978-89-374-2577-6 03680